Reinhard Abeln

Bei Gott ist alles möglich

Gottvertrauen macht das Leben leichter

Gesegnet der Mann,
der auf den Herrn sich verlässt und
dessen Hoffnung der Herr ist.
Er ist wie ein Baum,
der am Wasser gepflanzt ist
und am Bach seine Wurzeln ausstreckt:
Er hat nichts zu fürchten,
wenn Hitze kommt;
seine Blätter bleiben grün;
auch in einem trockenen Jahr
ist er ohne Sorge,
unablässig bringt er seine Fürchte.

Jeremia 17,7–8

Inhaltsverzeichnis

Vorwort

„Herr, unser Gott, alles steht in deiner Macht", heißt es in einem schönen Gebet. Was steckt nicht alles hinter dieser Aussage! Alles, Leben, Weiterleben, Überleben, Erfolg, Gesundheit, Freude, Hoffnung, Wohlbefinden – alles steht in Gottes Hand.

Dass wir im rechten Augenblick den richtigen Menschen finden; dass wir das rechte Wort über die Lippen bringen, wenn uns jemand braucht; dass wir nicht auf und davon gehen, wenn es nicht mehr zum Aushalten ist; dass wir immer wieder von vorne beginnen, zum Unbegreiflichen Ja sagen, hoffen wider alle Hoffnung; dass wir uns selbst und andere in ihrer Eigenart annehmen, aushalten, ertragen – alles steht in Gottes Hand, nicht in der unsrigen.

Die Beiträge dieses Buches zeigen, dass Gott immer für uns da ist. Er ist kein kühler Rechner irgendwo über den Wolken, sondern ein Gott der Liebe, der uns hilft, wenn wir ihn brauchen. Er kümmert sich um uns wie ein Vater oder eine Mutter um ihr Kind.

Gott braucht nicht uns, aber wir brauchen Gott. Pflegen wir darum die Verbindung mit ihm! Nehmen wir uns Zeit für ihn, lassen wir uns von seiner Gnade tragen, ergreifen wir seine ausgestreckte Hand! Und das nicht nur ein für alle Mal, sondern jeden Tag neu!

Ich wünsche Ihnen, liebe Leserinnen und Leser, Gottes Segen an jedem Tag Ihres Lebens und viel Freude mit diesem Buch!

Reinhard Abeln

Gott – wer ist das?

Der Mensch kann nicht leben ohne das dauernde Vertrauen zu etwas Unzerstörbarem.

Frank Kafka

Einen Gott haben bedeutet, etwas haben, an das ich mein Herz hänge und dem ich unbedingt vertraue.

Martin Luther

Hinter der Welt steht mehr als Zufall

In der Heiligen Schrift gibt es die Geschichte von den sorgenfreien Vögeln und Blumen des Feldes. Sie liest sich gut und hört sich auch schön an. Aber wie wirkt dieser Text auf Menschen, die – überlastet und gequält – am Nullpunkt des Daseins angekommen sind?

Wir können nur existieren, wenn wir die Überzeugung haben, dass hinter der Welt mehr steht als Zufall und Schicksal. Aber was trägt?

Von Paul Cézanne, dem großen französischen Maler, wird berichtet, er habe sich wegen seines erfolglosen und sehr einsamen Lebens den Stoßseufzer angewöhnt: „Das Leben ist schrecklich!" Er dachte dabei weniger an die Lasten, die ihm das Leben auferlegte, als an die Sinnlosigkeit des Daseins.

Mit vielen anderen stellte sich Cézanne die Frage: Warum wird im Leben nicht die größere Leistung belohnt? Warum fällt der Erfolg immer wieder denen zu, die ihn nicht verdienen?

Warum sitzen die kalten Rechner, so fragt der evangelische Theologe Helmut Thielicke (1908–1986), immer am längeren Hebelarm, während die Menschen selbstloser Güte höchstens unter „ferner liefen" rangieren? Hat dieses Leben so etwas wie einen „plausiblen Verteilungsschlüssel" für die Schmerzen, die es zufügt, für die Gaben, die es verleiht? Ist nicht alles so entsetzlich sinnlos und vom Zufall gezeichnet?

Vielleicht ist es manchem von uns schon so ähnlich ergangen. Wir werden die Frage nach dem, was trägt, nicht los, denn wir können nur existieren, wenn wir auf etwas zuleben, für das zu leben sich lohnt. Die Frage ist uralt und sie ist bereits ausgiebig in einem der erregendsten Bücher der Heiligen Schrift, im Buche job, gestellt.

Die Antwort auf die Frage, was die Welt trägt, was hinter ihr steht, fällt verschieden aus. Viele geben überhaupt keine Antwort. Das Gescheiteste sei, so sagen sie, sich in sein Schicksal zu ergeben. Das ewige Hadern mit Gott habe doch keinen Sinn. Man mache sich nur kaputt dabei. Am besten sei, man lasse alles geschehen. Wer immer nur opponiere, jammere und Nein sage, der werde verbittert. Was ihm das Schicksal nicht verschlage, das verwüste er durch Selbstzerstörung.

Andere helfen sich mit einer Illusion. Sie machen sich etwas vor und sprechen „vom lieben Gott überm Sternenzelt".

An diesen lieben Gott kann man glauben, solange alles klappt. Aber wer jemals in einer entsetzlichen Not gewesen ist, der spricht nicht mehr vom lieben Gott überm Sternenzelt. Eine solche Antwort sieht am Leben vorbei.

Es gibt eine einzige Antwort, die uns in der Sinnlosigkeit des Daseins hält, schützt und stützt. Diese gab uns Christus.

Er muss es ja wissen. Er sagt nicht: „Mein Vater ist lieb", sondern: „Er liebt." Das ist etwas ganz anderes. Damit verändert sich die Welt.

Was der morgige Tag bringt, steht zwar in einem verschlossenen und versiegelten Brief. Ich weiß nicht, was dieser Brief enthält, aber ich sehe den Absender und ich weiß, wie der es mit mir meint.

Gott ist immer bei uns und für uns da

„Wer ist eigentlich der liebe Gott? Wo wohnt Gott? Wie sieht er aus? Ist Gott ein Geist? Ist der liebe Gott ein Mann?" Das sind Fragen, die kleine Kinder oft stellen.

Aber nicht nur die Kleinen haben diese Fragen; auch ältere Jungen und Mädchen, auch Erwachsene fragen so oder ähnlich. Und niemand kann eigentlich solche Fragen beantworten.

Gott ist und bleibt ein großes Geheimnis. Menschen in allen Jahrhunderten haben auf ihre Weise versucht, das Geheimnis Gottes zu ergründen. Das ist bis heute so geblieben. Alles, was wir über Gott sagen, sind nur stümperhafte Versuche.

Ein erfahrener Seelsorger hat einmal gesagt: „Einen Gott, den man erklären kann, ist gar kein Gott." Was wir wissen, ist, dass Gott da ist und dass er bei uns ist.

Gott ist nicht fern, sondern in der Nähe. Gott ist kein kühler Denker irgendwo über den Wolken, sondern ein Gott der Liebe, der immer für uns da ist, wenn wir ihn brauchen. Er kümmert sich um uns wie ein Vater oder eine Mutter um ihr Kind.

Das wissen wir aus der Heiligen Schrift. Im Alten Testament wird erzählt, wie Gott dem Mose gesagt hat, wer er ist. Und das geschah so: Das Volk der Israeliten war in Ägypten in der Gefangenschaft. Dort mussten sie als Sklaven schwerste Arbeiten verrichten. Überall standen Aufseher, die die Menschen mit Peitschen und Fußtritten zur Arbeit anhielten. In ihrer Not beteten die Israeliten zu Gott und baten um Hilfe in ihren Leiden.

Gott erhörte ihre Rufe. Er wählte Mose, einen Schafhirten, aus, um das Volk der Israeliten aus der ägyptischen Sklaverei zu befreien und in ein anderes Land zu führen. Gott erschien Mose in einem brennenden Dornbusch und erteilte ihm den Auftrag.

Da fragte Mose: „Was soll ich denn den Leuten sagen, wenn sie mich fragen, wer du bist und wie du heißt?"

Gott antwortete ihm: „Ich bin der, der immer bei euch und für euch da ist." Das also ist der Name Gottes.

Gott hat dies den Israeliten bewiesen. Er begleitete das Volk auf dem Zug durch die Wüste – von Ägypten bis ins Land Israel. Er war immer da, wenn das Volk in irgendeiner Not oder Gefahr war. Selbst wenn das Volk Fehler machte, gegen Gott schimpfte – immer konnten die Menschen zu Gott zurückkommen. Gott war eben der, der immer bei seinem Volk und für sein Volk da war.

Genauso ist Gott auch zu uns heute. Niemand hat ihn gesehen. Niemand kann beschreiben, wie er aussieht: kein Papst, kein Bischof, kein Priester, keiner von uns. Was wir aber wissen, ist, dass Gott bei uns und für uns da ist. Er begleitet uns auf unserem Lebensweg – immer, was auch geschieht, ob wir froh oder traurig, krank oder gesund, alt oder jung, zu Hause oder unterwegs, bei der Arbeit oder im Urlaub sind.

Selbst wenn uns alle Menschen verlassen, Gott verlässt uns nicht. Bei ihm sind wir geborgen wie ein Vogel im Nest. Gott fängt uns auf, wenn wir fallen; er lässt uns lächeln, selbst wenn uns nicht zum Lachen ist. Treffend sagt

der Dichter Matthias Claudius (1740–1815):
„Der Mensch lebt und besteht nur eine kurze
Zeit und alle Welt vergeht mit ihrer Herrlichkeit. Es ist nur einer ewig und an allen Enden
und ich in seinen Händen."

Diesem Gott, der immer bei uns und für
uns da ist, können wir alles sagen, was uns auf
dem Herzen liegt: alles, was uns Freude macht,
und alles, was uns Kummer bereitet. Ein Kind
aus Lateinamerika hat dies einmal so getan:
„Lieber Gott, du bist mein Freund. Das sage
ich mir jeden Tag: Du bist mein Freund. Das
sage ich mir heute, morgen, übermorgen und
immer: Du bist mein Freund."

Wollen wir Erwachsenen auch einmal versuchen, so zu beten? Von den „Kleinen" können wir „Großen" viel lernen. Nicht das Sprechen über Gott ist wichtig, sondern das Reden
mit ihm. Wer betet, ist und bleibt menschlich.

Don Bosco (1815–1888), der begnadete
Erzieher und Schriftsteller, hat einmal gesagt:
„Wenn ihr betet, wachsen aus zwei Körnern
vier Halme!" Ein wahrhaft nachdenkenswertes
Wort!

Gott ist und bleibt ein Geheimnis

Graham Greene (1904–1991), der englische, zum Katholizismus konvertierte Schriftsteller, hat einmal geschrieben: „Ich würde mich weigern, an einen Gott zu glauben, den ich verstehen könnte." Gott ist und bleibt ein Geheimnis.

Ein Rabbi sprach eines Tages einen Schüler, der gerade bei ihm eintrat, so an: „Mosche, was ist das, Gott?"

Der Schüler schwieg.

Der Rabbi fragte zum zweiten und zum dritten Mal. Er bekam keine Antwort. „Warum schweigst du?", wollte er schließlich wissen.

„Weil ich es nicht weiß", antwortete der Schüler.

„Weiß ich's denn?", sprach da der Rabbi. „Ich kann nur eines sagen: Er ist deutlich da und außer ihm ist nichts deutlich da und das ist er."

Selbst der Rabbi, der sich sein Leben lang mit Gott und den Heiligen Schriften befasst hatte, ist nicht in der Lage, Gott zu beschreiben. Nur eines ist für ihn eine unumstößliche Gewissheit: Es gibt einen Gott, Gott ist da.

Keiner kann sagen, wer (der dreifaltige) Gott ist – kein Rabbi, kein Papst, kein Bischof, kein Priester, keiner von uns. Der Einzige, der ihn erklären konnte, war Jesus von Nazaret.

Vieles hat er seinen Jüngern – etwa auf dem Weg nach Emmaus – über Gott erzählt.

Alles, was wir über den dreifaltigen Gott äußern, sind nur stümperhafte Versuche, Gott zu erklären. Ein erfahrener Seelsorger hat einmal gesagt: „Einen Gott, den man erklären kann, ist gar kein Gott!" Was wir wissen, ist, dass Gott da ist – und dass er bei uns ist. Gott ist nicht fern, sondern in der Nähe. Gott ist kein kühler Denker irgendwo über den Wolken, sondern ein Gott der Liebe, der in diese Welt gekommen ist. „Gott hat die Welt so sehr geliebt", heißt es im Johannesevangelium, „dass er seinen einzigen Sohn hingab ..., damit die Welt durch ihn gerettet wird" (3,16f.).

Der Vater hat Jesus, seinen Sohn, auf die Welt zu den Menschen geschickt, um die Distanz zwischen Himmel und Erde zu überbrücken. Er hat ihm „alle Macht gegeben im Himmel und auf der Erde" (Mt 28,18). Deshalb wundert es nicht, dass die elf Jünger auf dem Berg in Galiläa vor Jesus niederfallen – aus Ehrfurcht vor seiner Größe.

Gott – der Anfang von allem

Jeder von uns braucht ein Bild von Gott. Wir dürfen uns dieses Bild machen, wenn wir dabei nicht vergessen, dass man über Gott nicht wie über einen „Gegenstand" sprechen kann. Gott ist unfassbar. Er ist ein Geheimnis, das wir nie ganz begreifen und beschreiben können.

Die Bibel sagt: Gott ist der Schöpfer der Welt. Er ist der, der alles gemacht hat. Er hat die Sonne, den Mond und die Sterne gemacht, die Tiere und Pflanzen, die Erde und das Meer, die Blumen und die Wolken. Alles, was wir mit unseren Augen sehen können, kommt von ihm. Auch die Menschen hat er geschaffen.

Weil Gott alles gemacht hat, ist er anders und mächtiger als das, was wir sehen und hören können. Gott ist kein Engel, kein Mensch, kein Tier, kein Stern und kein Vulkan. Er ist größer, weiser und mächtiger als alles von ihm Geschaffene. Er war schon da, als es die Welt noch nicht gab. Er hat keinen Anfang, denn er ist selbst der Anfang von allem.

Noch kein Mensch hat Gott gesehen. Wir wissen darum nicht, wie er aussieht. Unsere Augen können nur das sehen, was von ihm stammt. Gott ist unsichtbar. In der Bibel steht, dass wir Gott eines Tages sehen werden, wenn wir für immer zu ihm kommen.

Auch wenn Gott der Unsichtbare ist, dürfen wir wissen, dass er uns sieht, uns liebend ansieht, sich um uns kümmert. Der Psalmist spricht davon, dass Gott um jeden Menschen weiß, dass er ihn bei seinem Namen nennt und keinen vergisst. Er kennt unsere Gedanken und Wege. Er beschützt jeden von uns. Er legt seine Hand auf uns (Ps 139).

Mir fällt dazu eine Geschichte ein: Eines Nachts stahlen Jugendliche heimlich Äpfel vom Baum im Pfarrgarten. Der Pfarrer war wütend über den Verlust. Er heftete ein Blatt Papier an den Baum. Darauf stand: „Gott sieht alles." Am nächsten Tag fehlten noch mehr Äpfel. Außerdem hatten die Jugendlichen auf den Zettel geschrieben: „Aber er verrät uns nicht!"

So ist der Gott der Bibel. Er sieht uns, aber nicht mit strafendem Blick. Gott sorgt für jeden Menschen. Er will, dass wir glücklich sind, uns bei ihm geborgen fühlen. Gott will für uns, mit uns, bei uns sein.

Alles, was wir über Gott sagen können, bleibt Stückwerk, ist ungenügend. Gott bleibt ein unbegreifliches Geheimnis.

Deswegen hat ein weiser Mann einmal gesagt: „Was können wir über Gott sagen? Nichts! Was können wir zu Gott sagen? Alles!"

Jahwe ist ein barmherziger Gott

Jona bekommt von Jahwe den Auftrag, in die große Stadt Ninive zu gehen. Er soll den Menschen, deren Sünden zum Himmel schreien, den Untergang androhen. Der Prophet ist nicht nur eigenwillig, sondern eigensinnig. Er weigert sich, den Auftrag des Herrn zu erfüllen. Stattdessen löst er eine Schiffskarte nach Tarschisch (Gibraltar), um bis an die Grenzen der Erde zu fliehen. Er will weit weg vom Herrn sein. Doch die Flucht vor seinem Auftrag misslingt. Jona wird wegen des gewaltigen Sturms auf dem Meer von den Seeleuten ins Wasser geworfen.

Da schickt Jahwe einen großen Fisch, der den Propheten verschlingt. Drei Tage und drei Nächte ist Jona im Bauch dieses Fisches. In seiner hoffnungslosen Situation betet er zum Herrn und bittet um Rettung.

Jahwe hat Erbarmen, befiehlt dem Fisch, Jona an Land zu spucken, und schickt den Propheten erneut nach Ninive. Jahwe, so macht die Rettung des Propheten deutlich, ist ein barmherziger und gnädiger Gott. Er ist ein Gott des Trostes und der „Vater des Erbarmens". Jahwe heißt übersetzt: „Ich bin, der ich bin da."

Die Psalmendichter wissen uns zu sagen: Zu diesem Gott kann man flüchten. Ihm kann man alles anvertrauen, sein „Herz ausschütten", das Unheil schildern. Der Herr ist kein „Draufgänger", sondern ein milder Gott, „langmütig und reich an Huld" (Jona 4,2). Eine tröstliche Botschaft!

Gott weiß um jeden von uns. Er kennt unsere Gedanken und Wege, auch unsere Umwege, Irrwege und Zickzack-Wege.

Gott ist bei uns, auch wenn wir uns zeitweise von ihm abwenden, wenn wir schlimme Zeiten durchmachen, wenn wir einsam und allein sind.

„Gott hat uns nicht geschaffen, um uns zu verlassen", sagt Michelangelo Buonarroti, der bedeutende italienische Bildhauer und Maler.

Mit anderen Worten: Gott verlässt niemanden, weder den Propheten Jona noch uns. Wer sich auf ihn einlässt, ist niemals verlassen. Es scheint höchstens so. Gott mag einen Menschen oft lange „hängen" lassen, aber er lässt ihn niemals „fallen". Alle Fallenden fallen in Gottes Arme.

Gott steht auch dem Einzelnen gegenüber zu seinem Wort (das zunächst dem erwählten Volk galt): „Mit ewiger Liebe habe ich dich geliebt" (Jer 31,3). Sollte das kein Grund zur Freude sein? Kann Hoffnung ein tragfähigeres Fundament erhalten?

In Gottes Armen geborgen

Ich mache mir keine Sorgen darüber,
was die Vorsehung von Tag zu Tag verfügt.
Wir sind immer unter den Augen,
ja in den Armen des Herrn.
Freuen wir uns darüber!

Papst Johannes XXIII.

Wir leben von der Zuwendung Gottes

Der Mensch ist auf Kommunikation hin angelegt – nicht nur mit anderen Menschen, sondern auch mit Gott. Ohne Gott hat der Mensch keinen festen Boden unter den Füßen, weiß sich nicht geborgen und gehalten, wenn alles drunter und drüber geht.

Gott ist einer, der immer für uns da ist. Wir sind von ihm getragen, verstanden bis ins Innerste hinein, selbst dort noch, wo uns kein Mensch versteht. Wenn uns die Nerven durchgehen, wenn Einsamkeit und Verzagtheit uns überfallen, ist er immer noch da. Gott ist über uns, um uns herum, neben uns, in uns, überall! „Gott ist überall im Weltall sichtbar", sagte Napoleon (1769–1821), „und jene Augen, die ihn nicht wahrnehmen, sind wahrscheinlich blind oder schwach."

Im Psalm 139,7f. spricht der Beter voll Ehrfurcht und Vertrauen zu dem allgegenwärtigen Gott: „Wohin könnte ich fliehen vor deinem Geist, wohin mich vor deinem Angesicht flüchten? Steige ich hinauf in den Himmel, so bist du dort; bette ich mich in der Unterwelt, bist du zugegen."

Gott verlässt keinen Menschen. Wer sich auf ihn einlässt, ist niemals verlassen. Es scheint höchstens so. Wie ein Vater sein Kind auffängt, so nimmt auch Gott den Menschen in seine Arme.

Eine kleine Geschichte kann uns diesen Gedanken sehr schön verdeutlichen: Eines Nachts bricht in einem Haus ein Brand aus. Während die Flammen emporschießen, stürzen Eltern und Kinder aus dem Haus. Entsetzt sehen sie dem Schauspiel zu.

Plötzlich bemerken sie, dass der Jüngste fehlt, ein fünfjähriger Junge, der im Augenblick der Flucht vor Rauch und Flammen Angst bekam und in den oberen Stock kletterte. Man schaut einander an. Keine Möglichkeit, sich in das Haus zurückzuwagen, das immer mehr zu einem Glutofen wird.

Da öffnet sich oben ein Fenster. Das Kind ruft um Hilfe. Sein Vater sieht es und schreit ihm zu: „Spring!" Das Kind sieht nur Rauch und Flammen. Es hört aber die Stimme des Vaters und antwortet: „Vater, ich sehe dich nicht!" Der Vater ruft ihm zu: „Aber ich sehe dich und das genügt, spring!" Das Kind springt und findet sich heil und gesund in den Armen des Vaters, der es aufgefangen hat.

So wie der Junge in dieser Geschichte seinen Vater braucht, um aufgefangen zu werden, so braucht der Mensch Gott, um menschenwürdig leben zu können. Gott braucht nicht uns, aber wir brauchen Gott. Wir alle leben von der Zuwendung, der Zuneigung Gottes.

Gott gibt unserem Leben Sinn und Inhalt. Er gibt uns die Kraft, mit dem täglichen Allerlei und Vielerlei, mit allen Lasten und Belastungen, Krisen und Schwierigkeiten fertig zu werden. „Dem Glaubenden geht auch der Ozean bloß bis ans Knie", sagt ein bekanntes Sprichwort. In die gleiche Richtung weist auch ein Wort des dänischen Philosophen Sören Kierkegaard (1813–1855): „Ich wäre zugrunde gegangen, wenn ich nicht zu Grunde (zu Gott) gegangen wäre."

Wer an den Vater glaubt, kann nie mehr ganz verzweifelt sein. Selbst dann, wenn die Gespenster der Schwermut und Ausweglosigkeit ihn umlagern, darf er sicher sein, dass gerade die Tiefe, die „Wüste", der Ort ist, wo der Vater ihn mit seiner Güte umfängt, ihn aufsucht wie einstens den Propheten Elija (1 Kön 19,7ff.). Wer an diesen Vater glaubt, wird nicht der Gefahr erliegen, immer nur zu opponieren und sich vom Groll zerfressen zu lassen.

Kardinal John Henry Newman (1801–1890) hat uns das folgende schöne Gebet vorgesprochen: „Ich brauche dich, Herr, als meinen Lehrer, tagtäglich brauche ich dich. Gib mir die Klarheit des Gewissens, die allein deinen Geist erspüren kann! Du allein kannst mein Ohr schärfen und meinen Blick klären und mein Herz reinigen. Lehre mich zu deinen Füßen sitzen und auf dein Wort hören!"

Gott – die Mitte im Menschen

Vielerlei mag uns Unbehagen bereiten: die Sorgen und Probleme des heutigen Tages – die Erwartungen, die wir an unsere Mitmenschen haben – die Krankheit, die Gebrechen, das Alter – die bitteren und dunklen Stunden – das Alleinsein. Hinter allem, was uns Kummer macht, steht aber etwas, was fest und zuverlässig ist: Gott. Er bleibt immer derselbe. Er gibt unserem Leben Inhalt und Ziel, Stütze und Sinn. „Ohne Gott", sagt Fjodor, M. Dostojewski (1821–1881), „ist der Mensch allein." Der russische Romanschriftsteller und Gottsucher hat diesen Satz als Ergebnis seines Suchens und Ringens formuliert.

Das Leben wird zum Geschenk, wenn Gott die Mitte im menschlichen Leben ist. Alles, was nicht in der Mitte aufgehängt ist, hängt schief. Mit Gott in der Mitte bekommt das Leben seinen Sinn, denn „alles vermag ich durch ihn, der mir Kraft gibt" (Phil 4,13). Selbst wenn man „einsam" ist, ist man deswegen noch längst nicht „allein".

Die wahre Bedeutung des Menschenlebens hängt nicht von dem Geld ab, das wir im Leben gesammelt haben, von dem Ansehen, das unserer Person zuteilgeworden ist, von der Größe unseres Hauses, das wir vielleicht unter vielen Mühen und Opfern gebaut haben. Es gibt etwas anderes, auf das es weit mehr ankommt als auf die genannten Äußerlichkeiten.

Was dieses „andere" ist, kleidet der Evangelist Lukas in folgendes Gleichnis (Lk 12,16–21): „Die Felder eines reichen Mannes ließen eine gute Ernte erwarten. Da begann er zu überlegen: ‚Was soll ich tun? Ich weiß nicht, wo ich meine Ernte unterbringen soll.' Schließlich sagte er: ‚So will ich es machen: Ich werde meine Scheunen abreißen und größere bauen; dort werde ich mein ganzes Getreide und meine Vorräte unterbringen. Dann kann ich zu mir selber sagen: Nun hast du einen großen Vorrat, der für viele Jahre reicht. Ruh dich aus, iss und trink und lass dir's gut gehen!' Da sprach Gott zu ihm: ‚Du Narr! Noch in dieser Nacht wird dein Leben von dir zurückgefordert. Wem wird dann all das gehören, was du aufgehäuft hast?'" – Lukas schließt: „So geht es jedem, der nur für sich selbst Schätze sammelt, aber vor Gott nicht reich ist."

Das Wichtigste im Leben ist nun einmal nicht machbar. Machbar sind Fernsehapparate und Computer, Waschmaschinen und Videorekorder – dazu hunderttausend andere Sachen, die auf dem Markt des Lebens gefragt sind. Das, worauf es letztlich im Leben des Menschen ankommt – ein lebendiger Kontakt mit Gott, ein unbeirrbares Gottvertrauen und eine daraus folgende Gelöstheit und Gelassenheit – lässt sich nicht machen, es ist ein Geschenk.

Wenn wir offen sind für dieses Geschenk, können wir mit Dietrich Bonhoeffer (1906–1945) sprechen: „Gott, zu dir rufen wir. In uns ist es finster, aber bei dir ist Licht. Wir sind einsam, aber du verlässt uns nicht. Wir sind kleinmütig, aber bei dir ist Hilfe. Wir sind unruhig, aber bei dir ist der Friede. Wir verstehen deine Wege nicht, aber du weißt den Weg für uns."

Als der Philosoph Peter Wust (1880–1940) während des Zweiten Weltkrieges einen Freund besuchte, wurden die beiden von einem Fliegerangriff überrascht. Der Freund des Professors drängte den kranken Philosophen, schnell einen Luftschutzkeller aufzusuchen. Wust lehnte energisch ab. Auf ein Zettelchen schrieb der Philosoph, der wegen Zungenkrebs nicht mehr sprechen konnte, die Worte: „Keine Sorge, lieber Freund! Ich befinde mich in absoluter Sicherheit!"

Wie viel Zuversicht und Hoffnung, Ruhe und Gelassenheit sprechen aus diesen Worten!

Diese Haltung können nur jene ausstrahlen, die sich ganz an den Herrn gebunden haben und sich in seinen Händen absolut geborgen und sicher wissen.

Der Himmel ist in dir

„Halt an, wo läufst du hin, der Himmel ist in dir. Suchst du Gott anderswo, du fehlst ihn für und für." Das sind Verse aus der Spruchsammlung des Dichterarztes Johannes Scheffler. Später nannte er sich Angelus Silesius, der Schlesische Bote. Am 9. Juli 1677 verstarb er in Breslau. In einer Zeit voller Unruhe und Unsicherheit nach dem Dreißigjährigen Krieg war er „Deutschlands großer christlicher Dichter und Mahner zu gottinniger Frömmigkeit".

Schefflers Grab ist nicht mehr vorhanden. Geblieben sind seine Verse und Lieder. „Mir nach, spricht Christus, unser Held, mir nach, ihr Christen alle." Dieses Lied hat er gedichtet und auch: „Ich will dich lieben, meine Stärke."

Das wohl bekannteste Werk Schefflers ist die im Jahr 1657 erschienene Spruchsammlung „Cherubinischer Wandersmann". Zum ersten Mal hat sich die gesamte Ideenwelt der Mystik hier in deutscher Sprache verdichtet. Mystik? – sie meint die unmittelbare Erfahrung der göttlichen Wirklichkeit. Das beherrschende Thema ist die Begegnung des Menschen mit Gott. Für Angelus Silesius geschieht dies nicht irgendwo, sondern im Menschen. „Der Himmel ist in dir" – dort ist Gott auf geheimnisvolle Weise gegenwärtig.

Was den Dichter kennzeichnete, war sein stetes Ringen und Fragen nach dem Heil des Menschen. Er wollte durch seine Anrufe verschüttete Quellen im Menschen wieder freilegen. Vor Irrwegen wollte er ihn bewahren.

Zum Ursprung muss der Mensch nach den Worten des Dichters zurück: „Mensch, in dem Ursprung ist das Wasser rein und klar. Trinkst du nicht aus dem Quell, so stehst du in Gefahr." Eine alte, aber bis heute noch nicht veraltete Forderung: Zum Ursprung musst du gehen, zu Gott – dort allein ist klares, lebendiges Wasser!

Uns heutigen Menschen begegnet auf der Suche nach einem gültigen Lebenssinn ein weit gefächertes Angebot. Es reicht von vielversprechender Reklame über Zen und Yoga bis zur Gruppendynamik. Wege der Selbstfindung und Selbsterschließung sollen uns aufgezeigt werden.

Nach des Dichters Worten ist für den Menschen nur eines wichtig: Er muss zurück zum Ursprung, weil er nur dort klares Wasser erhält.

Diese Quelle ist Gott und sein Fleisch gewordenes Wort.

Am Werk Schefflers – vor allem an seinem „Cherubinischen Wandersmann" – ist das Interesse neu erwacht. Der heutige Mensch erkennt in den Verführungsmöglichkeiten unserer Zeit immer mehr den Verlust seiner Mitte, seines eigentlichen Wesens. Er sucht und ringt nach Beständigem.

Der Ruf des Dichters: „Mensch, werde wesentlich! Halt an, wo läufst du hin!" – dieser Ruf trifft den Menschen und weckt Kritik an seiner Lebenshaltung und Lebenserwartung. Nicht Staat, Gesellschaft und Kirche halten ein abrufbereites Programm bereit. Du selbst musst den Weg nach innen gehen, mahnt der Dichter, ins eigene Herz – auch wenn dieser Weg fast unpassierbar für dich geworden ist: „Wie töricht tut der Mann, der aus der Pfütze trinkt und die Fontäne lässt, die ihm ins Haus entspringt."

Mit Gott durch jeden Tag

Die meisten Menschen haben ganz konkrete Vorstellungen, wie sie in Zukunft ihre voraussichtlich vermehrte Freizeit verbringen wollen. Das ergab eine Untersuchung, für die zweitausend Deutsche über 14 Jahre befragt wurden.

51 Prozent (also jeder Zweite) wollen sich, wenn sie mehr freie Zeit haben, ihren Hobbys widmen. 45 Prozent nehmen sich vor, sich intensiver um die Familie zu kümmern, 41 Prozent mehr um die Freunde. 43 Prozent der Befragten, besonders aus zeitlich stark beanspruchten Berufsgruppen (Selbstständige, Freiberufler), möchten mehr Zeit für sich haben.

Gibt es auch Menschen, die sich mehr Zeit für Gott nehmen möchten? Davon sagt die Umfrage nichts. Vielen ist heute in Lärm, Eile und Hast die Gemeinschaft mit Gott weitgehend verloren gegangen. Ob dies in Zukunft – wenn mehr Zeit da ist – besser aussieht, bleibt abzuwarten.

Um es ganz klar zu sagen: Für Gott Zeit zu haben, ist keine Zeitfrage. Oder anders ausgedrückt: Wir haben für Gott immer dann Zeit, wenn wir uns Zeit nehmen möchten.

Sorgen wir darum jeden Tag für eine stille Viertelstunde mit Gott! „Zeit ist keine Schnellstraße zwischen Wiege und Grab, sondern Platz zum Parken in der Sonne", sagt der bekannte Ordenspriester und Telefonberater Phil Bosmans aus Antwerpen. Ein wunderschönes Wort!

Wer sich keine Zeit nimmt, um mit Gott zu sprechen, darf sich nicht wundern, wenn er eines Tages innerlich hohl und leer ist, sich selber nichts mehr zu sagen hat. Wer dagegen für Gott Zeit hat, wird froh und gelassen und kann leichter an der Last des Lebens tragen.

Es ist schlimm, wenn Menschen keine Zeit für Gott haben, wohl aber Zeit für tausend andere Dinge im Leben. Eines Tages kommt dann der Augenblick, da ihnen die Zeit zwischen den Fingern zerrinnt. Und was dann?

Wer behauptet, er sei zu sehr beschäftigt und habe für Gott keine Zeit, benützt nicht nur eine Ausrede, sondern betrügt sich selber. Jemand hat einmal versucht, diese Tatsache bildlich darzustellen, und malte dazu zwei Bilder.

Auf dem ersten Bild sieht man einen Geschäftsmann, der an seinem Schreibtisch sitzt. Gott steht in seinem Büro und bittet ihn um etwas. Doch der Mann verweist auf seine viele Arbeit und antwortet: „Das kann ich bestimmt nicht tun. Sieh doch, Gott, wie viel ich zu erledigen habe!"

Das zweite Bild zeigt den gleichen Geschäftsmann, aber nicht mehr so selbstsicher, sondern angstvoll hinter seinem Schreibtisch sitzend. Wieder steht Gott bei ihm. Der Mann sagt: „O Gott, ich habe dich nicht so schnell erwartet. Habe bitte noch etwas Geduld, bis ich bereit bin zu sterben!" Aber der Herr antwortet: „Ich kann leider nicht warten, guter Mann. Ich bin zu sehr beschäftigt!"

Setzen wir daher unser ganzes Vertrauen auf Gott! Wir sollten keinen Tag länger warten, um wieder „mehr Zeit" für ihn zu haben. Er wartet darauf, dass wir den Kontakt mit ihm aufnehmen. Diese Zeit ist gut investiert!

Gott lässt keinen Menschen fallen

Wer glaubt, keinen Menschen zu haben, der ihm noch etwas zutraut, braucht nicht zu verzweifeln. Wer „keinen Menschen" hat wie der Kranke am Teich Betesda (Joh 5,7), hat immer noch Gott. Er will das Heil eines jeden Menschen, auch in unserem Jahrhundert. Er lässt keinen fallen, auch wenn es rein äußerlich manchmal danach aussieht. Er ist der „Kapitän, das Boot und das Wasser, in das wir fallen", jenes Wasser, aus dem der Herr den Simon Petrus herausgezogen hat (Mt 14,22ff.). Bei Gott ist der Mensch geborgen wie ein Vogel im Nest. Niemand ist einem blinden Schicksal ausgeliefert. Es gibt eine Hand, die uns führt, die uns Halt und Geborgenheit schenkt, die uns das Maß an Vertrauen gibt, ohne das wir nicht menschenwürdig leben können. Man kann es tagtäglich erleben.

Gott kann sein „Gesicht" nicht verlieren. Er ist und bleibt ein Gott des Trostes und Vertrauens, der „Vater des Erbarmens". „Gott ist einer, der führt", schreibt der jüdische Religionsphilosoph und Schriftsteller Martin Buber (1878–1965).

Gott bringt es nicht übers Herz, uns in der Wüste alleinzulassen. Er hat ein Herz. Es ist eine uralte Erfahrung: Gott teilt sich dem Menschen dort mit, wo er verzweifelt ist, Angst hat, nicht mehr ein noch aus weiß – und nicht dort, wo er voller Hoffnung ist. Da „schafft" es der Mensch allein. Gott begegnet uns auf dem Umweg über unsere eigene Not.

„Triffst du jemanden", sagt Adalbert Ludwig Balling, „der behauptet, er sei zutiefst glücklich, er habe den inneren Frieden gefunden – auch ohne Gott, dann glaube ihm nicht! Wahres Glück und echter Friede ist nur bei denen beheimatet, die in Gott Freude gefunden haben und Frieden in seiner Nähe."

Unser letzter Halt ist nicht unser Konto oder unser mühsam erbautes Haus, sondern der Vater, der uns niemals alleinlässt (Joh 10,38). Voraussetzung allerdings ist, dass der Mensch die Hand, die Gott ihm entgegenstreckt, im Gebet ergreift. Vielen Menschen könnte geholfen werden, wenn sie (wieder) beten würden.

Das Gebet ist eine in Jahrtausenden bewährte Hilfe, um mit der Wüste im Leben fertig zu werden. Wer betet, kann nicht mehr sagen: „Ich habe keinen Menschen." Da ist Gott der Partner für den Menschen, für jeden Menschen. Vielleicht muss ein Mensch zuallererst schmerzhaft innewerden, dass er „am Rande" ist, um den hohen Wert des Betens zu erkennen.

Beten macht nach einem Wort des berühmten Philosophen Peter Wust (1884–1940) „ruhig, sachlich, kindlich und objektiv". Es gibt Zeiten, wo man körperlich „erledigt" ist, von der kleinen Wohnung erdrückt wird, von Indiskretionen verletzt ist, sich innerlich wie ausgepumpt fühlt, sich nichts mehr zutraut und in die eigene Geringschätzung flieht – was kann in dieser „Wüste" mehr helfen als das Gebet, der „Atem der Seele", wie die Weisen aller Jahrhunderte sagen?

Gottvertrauen
schenkt Kraft

Wer nur den lieben Gott lässt walten
und hoffet auf ihn allezeit,
den wird er wunderbar erhalten
in aller Not und Traurigkeit.
Wer Gott, dem Allerhöchsten, traut,
der hat auf keinen Sand gebaut.

Georg Neumark (1657)

Auf Gott ist immer Verlass

In unserem Leben gibt es viele aussichtslos erscheinende Situationen. Immer wieder sind wir großen Gefahren ausgesetzt, die vielerorts auf uns lauern. Ein Unfall auf der Straße, eine schwere Krankheit, ein Unglück während einer Reise, eine nicht bestandene Prüfung, Augenblicke der Verlassenheit und Einsamkeit – dies alles und viel mehr sind Situationen, die unser Leben gefährden können.

Ist unser Lebensweg nicht dem Weg einer Bärenraupe vergleichbar, die eine stark befahrene Straße überqueren will? Der Schriftsteller Rudolf Otto Wiemer erzählt von einer solchen Raupe:

„Keine Chance. Sechs Meter Asphalt. Zwanzig Autos in einer Minute. Fünf Laster. Ein Schlepper. Ein Pferdefuhrwerk. Die Bärenraupe weiß nichts von Autos. Sie weiß nicht, wie breit der Asphalt ist. Weiß nichts von Fußgängern, Radfahrern, Mopeds. Die Bärenraupe weiß nur, dass jenseits Grün wächst. Herrliches Grün, vermutlich fressbar. Sie hat Lust auf Grün. Man müsste hinüber.

Keine Chance. Sechs Meter Asphalt. Sie geht los. Geht los auf Stummelfüßen. Zwanzig Autos in der Minute. Geht los ohne Hast. Ohne Frucht. Ohne Taktik. Fünf Laster, ein

Schlepper. Ein Pferdefuhrwerk. Geht los und geht und geht und geht und kommt an ..."

Wir atmen beim Lesen der Geschichte erleichtert auf, dass die Bärenraupe ihr Ziel wirklich erreicht hat. Sie hat die stark befahrene Straße mit ihren vielen Gefahren überqueren können und wurde nicht von Autos, Lastern, Schleppern oder Fuhrwerken überfahren. Die andere Straßenseite brachte ihr das ersehnte Grün – das Leben.

Das Schicksal der Bärenraupe ist unserem Schicksal vergleichbar. Auch wir müssen uns immer wieder auf den Weg machen, um von der einen Seite auf die andere zu kommen.

Wer leben will, muss aufbrechen und immer wieder weitergehen – trotz aller Gefahren. Es gibt kein Leben ohne Risiko.

Oft kennen wir Menschen die Gefahren, die auf unserem Lebensweg lauern. Vielen können wir ausweichen, anderen müssen wir uns aussetzen.

Wer auf die andere Seite will – und diese Seite bedeutet Leben, Gesundheit, Erholung, Freude, Liebe, Hoffnung, Trost –, der muss in Kauf nehmen, dass der Weg dorthin oft voll gefährlicher Situationen ist.

Wenn wir diesen Weg gut überqueren, verdanken wir vieles unserer eigenen Klugheit, Umsicht und Geduld. Aber mit Verstand und Intelligenz allein können wir nicht überleben.

Wir brauchen eine Hand, die uns führt. Wir brauchen Gott, der uns sicher ans andere Ufer bringt.

Grenzenlos und ohne Vorbehalt dürfen wir uns Gottes Fürsorge und Güte anvertrauen. Gott sorgt für jeden von uns, besonders für den, der schwach und unbedeutend ist. Er hat uns versprochen, sogar jedes Haar auf unserem Haupt zu schützen. Wer Gott vertraut, der kann sich sicher fühlen.

Dietrich Bonhoeffer (1906–1945), der große evangelische Theologe, besaß dieses grenzenlose Gottvertrauen und lebte daraus. In der Todeszelle schrieb er die berühmten und bedeutungsvollen Verse:

„Von guten Mächten
wunderbar geborgen,
erwarten wir getrost,
was kommen mag.
Gott ist mit uns
am Abend und am Morgen
und ganz gewiss
an jedem neuen Tag."

Das Leben wird zum Geschenk, wenn Gott die Mitte im Alltag des Menschen ist. Alles, was nicht in der Mitte aufgehängt ist, hängt schief. Mit Gott in der Mitte bekommt das

Leben seinen Sinn, denn „alles vermag ich durch ihn, der mir Kraft gibt" (Phil 4,13).

Selbst wenn man „allein" ist, ist man deswegen noch längst nicht „einsam".

Gott kennt keine „hoffnungslosen Fälle"

„Alles wird schlechter durch unsere Verzweiflung, alles wird besser durch unsere Hoffnung", heißt ein weises, dem Leben abgelauschtes Wort.

Gibt es etwas Wichtigeres im Leben als die Hoffnung? Ich glaube nicht. Ohne Hoffnung kann kein Mensch leben.

Es gibt viele Menschen, die nicht mehr hoffen können. Sie haben am Leben so genug, dass sie sich auf nichts und über nichts mehr freuen können. Sie sind traurig, verzweifelt, können sich für nichts mehr begeistern, haben zu nichts mehr Lust.

„Ich bin verzweifelt", schrieb eine 70-jährige Frau. „Früher, in jungen Jahren, ging es mir blendend, eine Vergangenheit wie in Romanen. Und heute? Einsam, verlassen, zu nichts zu gebrauchen. Ich habe niemand. Und die, die ich habe, kümmern sich nur ums Geld."

Der Mensch braucht zum Leben mehr als Geld, Sauerstoff, Nahrung, Licht und Wärme. Damit sein Leben sinnvoll bleibt, braucht er Hoffnung. Der Mensch kann nur leben, wenn er auf etwas zu lebt, wenn er hoffen kann. Wer nichts mehr zu hoffen hat, gibt sich auf, ist in Lebensgefahr. Wir können eine Zeit lang auf Essen und Trinken verzichten, aber nicht auf die Hoffnung.

Eine alte Geschichte zeigt dies sehr deutlich: Vor langer Zeit lebte in Nordchina ein alter Mann. Sein Haus zeigte nach Süden und vor seiner Haustür ragten die beiden großen Gipfel des Taihung und des Wangwu empor. Sie versperrten den Weg nach Süden. Entschlossen machte sich der Alte mit seinen Söhnen an die Arbeit: Sie wollten die Berge mit der Hacke abtragen.

Der Nachbar des alten Mannes sah das und schüttelte den Kopf. „Wie närrisch ihr doch seid", rief er, „es ist vollkommen unmöglich, dass ihr die gewaltigen Berge abtragen könnt!" Der alte Mann lächelte weise, dann sagte er: „Wenn ich sterbe, dann werden meine Söhne weitermachen. Wenn meine Söhne sterben, werden die Enkel weitermachen. Die Berge sind zwar hoch, aber sie wachsen nicht weiter. Unsere Kräfte jedoch können wachsen. Mit jedem Stückchen Erde, das wir abtragen, kommen wir unserem Ziel näher. Es ist besser, etwas zu tun, als darüber zu klagen, dass uns die Berge die Sicht auf die Sonne nehmen."

Und in unerschütterlicher Überzeugung grub der Alte weiter. Das rührte Gott. Er schickte zwei seiner Boten auf die Erde, die beide Berge auf dem Rücken davontrugen.

Es wäre schön, wenn wir nach allen Schwierigkeiten und Tiefpunkten, die das Leben mit sich bringt, stets sagen würden: „Ich will es wieder versuchen. Ich lasse mich nicht gehen. Ich fange wieder an." Es lohnt sich, denn bei Gott gibt es keine hoffnungslosen Fälle.

Gott stellt den Menschen, der ohne Hoffnung ist, wieder auf die Füße. Es lässt keinen fallen, auch wenn es manchmal danach aussieht. Voraussetzung ist allerdings, dass der Hoffnungslose offen auf Gott zugeht, still vor ihm verweilt, sich mit ihm ausspricht, sein Leben, alle innere Not, alle äußeren Schmerzen, alle Ängste, Sorgen und Schwächen schlicht und einfach vor ihm ausbreitet.

Sich täglich eine Viertelstunde zurückziehen und mit Gott zu sprechen, wäre ein richtiger und wichtiger Schritt, um wieder zu mehr Hoffnung zu kommen. Dem Beter geht manches auf, was er sonst nie erfahren würde.

Wer sein Kreuz in Gottes Hände legt

Wer sich gerade dann, wenn es dunkel, vielleicht stockfinster in seinem Leben ist, ganz auf Gott einlässt, der erlebt plötzlich mit dem Herzen etwas, was er mit dem Verstand nicht erklären kann: ein In-die-Nähe-Gottes-Gezogenwerden, eine beglückende Geborgenheit in Gott. Wer sich in der Mühsal seines Lebens aus der Hand gibt und ganz in die Hände Gottes legt, um ihm freie Hand zu lassen, darf hoffen wider alle Hoffnung.

Auch das gibt es doch heute immer wieder zu beobachten: Eltern, die unter dem Kreuz aushalten, das die eigenen Kinder ihnen auferlegen; Menschen, die vor dem Trümmerhaufen ihrer Hoffnungen stehen und dennoch nicht aufgeben; Trinker, die manchmal weinend, manchmal mit äußerster Kraft immer wieder Nein gesagt haben; Ehen, in denen einer die Mauer des Schweigens endlich durchbrochen hat; Jugendliche, die tapferer sind als die eigenen Eltern und Lehrer.

Unbeschränktes Gottvertrauen kann Wunder wirken! Am schönsten kann dies der Brief einer Mutter ausdrücken, die schreibt: „Als ich erfuhr, dass mein Kind das sogenannte Downsyndrom hat, war ich zunächst sehr verzweifelt. Doch dann gab Gott mir die

Kraft, mich dieser Herausforderung zu stellen, und ich merkte, dass ich mein Kind unendlich liebte und seine Behinderung mich in meiner Liebe nur bestärkte."

Was die vermögen, die ihr Kreuz in Gottes Hände gelegt haben, zeigt auch dieser Fall aus der Vergangenheit: Eltern waren sieben Stunden gelaufen, um einen Primiziantensegen zu erhalten. Als sie wieder nach Hause kamen, war ihr Hof abgebrannt. Unter den Trümmern fanden sie ihre fünf verbrannten Kinder. Nach schwerem Ringen ließen sie später eine Votiv-Gedenktafel an ihrer Bergkirche anbringen: „Wir danken Gott und Unserer Lieben Frau, dass wir nicht verzweifelt sind und mit seiner Kraft neu beginnen konnten."

Ja, das gibt es, dass Menschen über sich selbst hinauswachsen. Das ist lebendiger Glaube, der zu hoher menschlicher Reife führt!

Das Leben bleibt trotzdem schwer, aber ein schweres Leben kann dennoch ein wesentliches, ein erfülltes Leben, ja sogar ein glückliches Leben sein!

Auf dem Fundament dieses Glaubens und Gottvertrauens kann vor allem das wachsen, was wir mit dem heute leider so abgegriffenen Wort Liebe bezeichnen. Weil Gott weiß, wie schwer das Leben sein kann, hat er dem Menschen auch die Fähigkeit gegeben, sich aus der

Not „herauszulieben". Die Erfahrung zeigt: Man kann sich gesund lieben!

Eheleute bestätigen dies, wenn sie bekennen: „Erst im Leid sind wir richtig zusammengewachsen. Da ist uns aufgegangen, was wir einander verdanken, was wir aneinander haben, was wir uns sein und bieten können."

Wie das Meer erst im Sturm die Perlen an die Oberfläche wirft, so bringt oft auch erst das Kreuz an den Tag, was in einem Menschen steckt. Liebe ohne Leid ist genauso undenkbar wie ein hölzernes Eisen oder ein dreieckiger Kreis.

Niemand kann ahnen, was aus ihm wird, wenn er seine Segel in den Wind stellt. Der „Wind" ist Gott selbst, sein Heiliger Geist, der weht, wann, wie und wo er will.

Von dem dänischen Philosophen Sören Kierkegaard (1813–1855) stammt das schöne Wort: „Ich wäre zugrunde gegangen, wenn ich nicht zu Grunde gegangen wäre." Das heißt: Er hätte das Leben nicht bestehen können, wenn er nicht zum einzig tragenden Grund – zu Gott – gekommen wäre.

An Wunder glauben

Wer nicht an Wunder glaubt, kann kaum verstehen, was mir einmal ein Bekannter erzählt hat. Man muss, so sagte er, in den Süden gehen, um Menschen zu begegnen, an denen wunderbare Dinge geschehen sind. Es ist schön, unerklärliche Begebenheiten so dankbar anzunehmen wie zum Beispiel die Eheleute Niko und Alexandra aus Karoussades auf der Insel Korfu.

Als Spiro, das dritte Kind, ein Jahr alt war, fiel es Alexandra auf, dass es wenig oder nichts sah. Sie erschrak heftig. Ihr Mann war verzweifelt, als sie es ihm sagte. Er dachte daran, wie enttäuscht er gewesen war bei Spiros Geburt. Eine Tochter hatte er sich gewünscht nach den zwei Knaben. War die Blindheit Spiros vielleicht eine Strafe Gottes?

So wie Niko um ein Mädchen gebetet und in den Kirchen Kerzen angezündet hatte, um erhört zu werden, so flehte er nun Gott und die Heiligen an, das Kind sehend zu machen. Er fuhr mit dem Gespann nach Kerkira und fiel vor dem Schrein St. Spiridons auf die Knie. Laut rufend forderte er das Wunder.

Spiro blieb blind. Der Knabe wurde fünf Jahre alt und sah nicht die Sonne, nicht die grünen Olivengärten, nicht Schafe und Ziegen.

Niko ertrug das Unglück des Kindes nicht mehr. Ich muss Spiro nach Kerkira bringen, dachte er. Von der Begegnung des Blinden mit seinem Namenspatron Sankt Spiridon im Dom erhoffte er sich das Wunder der Heilung. Als er im Frühling in die Stadt fahren musste, um Öl zu verkaufen, setzte er Spiro neben die Ölkrüge und sagte: „Wenn wir wieder heimfahren, wirst du sehen. Bete mit mir, das Wunder wird geschehen!"

Spiro wusste nicht, was sehen bedeutet. Seine Nacht war nie hell gewesen. Er spürte wohl die Wärme der Sonne im Frühling, die Glut des offenen Feuers im Winter. Aber sehen? Er betete, wie man es ihn gelehrt hatte.

Als abends der Bauer Niko heimkam, war er allein. Alexandra saß in der Küche und rührte den Brei. „Wo ist Spiro?", fragte sie. Geduldig hörte sie zu, was Niko erzählte.

Im Dom zu Kerkira, wo der Inselheilige im silbernen Schrein liegt, hatte der Vater den kleinen Sohn auf die Stufe der Kapelle gesetzt und ihm geboten zu warten. Er wollte die Opfergabe dem Priester abgeben. Doch eben da geschah es, dass Fremde das Grab des heiligen Spiridon besichtigten. Ihnen fiel der blinde Knabe auf. Einer befragte ihn über seine Blindheit, doch wusste Spiro wenig zu sagen.

Als der Vater kam, erfuhr er, dass dieser Fremde ein Augenarzt war. Da sagte er alles – wie Spiro blind geworden sei und dass er und seine Frau das Wunder erhofften. Aber er ahnte schon, dass das Gebet erhört war.

Niko hatte alles angenommen, was der Arzt vorschlug. Spiro sollte aufs Festland in die Klinik gebracht und dort operiert werden. Der Vater verstand wenig von dem, was der Arzt sagte, aber das störte ihn nicht. Für ihn, den einfachen Mann aus Karoussades, war das Wunder schon geschehen. Sein Glaube hatte keinen Zweifel, keine Frage.

Auch als nach Wochen der Arzt den sehenden Knaben ins Elternhaus brachte, nahmen sie ihn ruhig, ohne Staunen, nur mit verhaltener Rührung auf. Spiro sagte: „Mutter, ich sehe dich und den Vater." Und er wunderte sich, weshalb sie beide weinten.

Wir haben verlernt, fraglos zu glauben. Deshalb sind wir ärmer als die Bauern der Insel Korfu.

Das Meiste begreift man
erst im Nachhinein

Albrecht Dürer (1471–1528) war ein frommer und ein gescheiter Mann. Dazu ein großer Künstler. Unzählige Bilder hat er gemalt. Eines der berühmtesten ist das Bildnis seiner hochbetagten Mutter. Kummer und Sorge haben tiefe Furchen in dieses Antlitz gegraben. Hübsch ist dieses Bild nicht, aber schön ist es. Schön, weil eine herrliche Seele, Weisheit, Güte, Geduld und Vornehmheit aus diesem Antlitz herausstrahlt.

Dürers Mutter hatte es offenbar nicht leicht. Die Wege Gottes waren für sie oft rätselhaft. Sie musste einsehen, dass man im Leben oft und lange warten muss, bis man erkennt, auf was dies oder jenes „hinaus will"; dass man Gott ausreden lassen muss; dass einem das Meiste erst im Nachhinein aufgeht.

Dürers Mutter hatte sich in diese hohe Kunst eingeübt. Es ging ihr wie Mose. Auch für ihn war vieles rätselhaft. Vieles konnte er nicht begreifen. Mose hatte es nicht leicht: Das Volk stand gegen ihn, seine Freunde hatten ihn verlassen, nirgendwo konnte er um Rat fragen und um Hilfe bitten. Schließlich entschloss er sich, auf einen Berg hinaufzugehen und ein Gespräch mit Jahwe zu führen.

Mose sagte zu Jahwe: „Herr, zeige mir dein Angesicht, dein Angesicht will ich sehen." Mose stand allein, er war überfordert und wollte Klarheit. Gott sollte ihm klipp und klar sagen, wie die Zukunft aussieht, was er von dem ganzen Wirrwarr, in den er geraten war, halten sollte.

Und was tat Gott? Gott erfüllte ihm den Wunsch nicht, sondern sagte das geheimnisvolle Wort: „Stell dich in eine Felsspalte, dann will ich an dir vorüberziehen. Aber wenn ich an dir vorüberziehe, halte ich meine Hand vor deine Augen. Mein Angesicht kannst du nicht sehen, nur meine Rückseite kannst du sehen."

Dieses Wort ist nachdenkenswert. Es besagt, dass man das Meiste im Leben nur „im Nachhinein" begreift. Was Gott an uns tut, verstehen wir erst in 20 oder 30 Jahren. Das Leben eines Menschen gleicht oft einem Kirchenfenster, das man von außen betrachtet. Man sieht nichts als Formen, Farben und Linien, ein wirres Durcheinander. Man muss oft lange im Leben warten!

Der ehemalige sowjetische Ministerpräsident Nikita Chruschtschow (1894–1971) besuchte mit dem französischen Staatspräsidenten Charles de Gaulle die Kathedrale von Chartres. Nach dem Protokoll war etwa eine halbe Stunde für die Besichtigung der Kathedrale vorgesehen.

Nach zehn Minuten wollte Chruschtschow die Kathedrale wieder verlassen. De Gaulle fragte ihn über den Dolmetscher, warum er es so eilig habe; ob er etwa Angst habe, sich dem Heiligen Geist auszusetzen. Chruschtschow gab keine Antwort. Es wird gesagt, er habe die Strahlungskraft dieser Glasfenster gespürt. Gott wollte ihn ansprechen, aber da wich Chruschtschow aus.

Wir müssen Geduld haben und warten. Nach so und so vielen Jahren werden wir erkennen: Über meinem Leben stand ein geheimnisvoller Plan. Es ist nicht nur das und das passiert, sondern der geheimnisvolle Gott hatte immer wieder seine Hand im Spiel.

„In weiser Voraussicht", schreibt Franz von Sales (1567–1622), „hat Gott alles bedacht und bis ins Kleinste geordnet, damit den Menschen nichts fehle, um Gottes Liebe zu erkennen und zu bejahen, um zur Erfüllung in der Liebe und zur Vereinigung mit Gott zu gelangen."

Ich wünsche Ihnen, dass Sie hinter den Selbstverständlichkeiten Ihres Lebens, die durchaus nicht selbstverständlich sind, oft Gottes gute Hand entdecken!

So lässt sich
Gott erfahren

Es ist wunderbar zu wissen,
dass Gott uns liebt.
Ich möchte, dass möglichst
viele Menschen
Gott kennen, ihn lieben,
ihm dienen lernen,
denn das ist wahres Glück.

Mutter Teresa

Gott ist dort, wo es hell ist

Wo ist Gott für mich zu finden? Er ist überall im Leben für mich zu finden, wenn ich ihn nicht übersehe. Ein junger Mann, so erzählt der große jüdische Religionsphilosoph Martin Buber (1878–1965), kam eines Tages zu einem Gelehrten und sagte: „Ich gebe Ihnen hundert Mark, wenn Sie mir sagen, wo Gott wohnt!"

Der Gelehrte antwortete: „Und ich gebe Ihnen zweihundert Mark, wenn Sie mir sagen, wo er nicht wohnt!"

In seinen Werken erzählt Martin Buber weiter von einem Rabbi, der einmal zu Gast bei gelehrten Männern war. Er überraschte sie mit der Frage: „Wo wohnt Gott?"

Sie lachten über ihn: „Was redet Ihr! Ist doch die Welt seiner Herrlichkeit voll!"

Dann beantwortete der Rabbi seine eigene Frage: „Gott wohnt dort, wo man ihn einlässt!"

Ich glaube fest daran, dass Gott bei den Menschen wohnt, in ihren Herzen, und dass er um ihre Ängste und Freuden, Nöte und Erfolge weiß. Auch wenn er ein verborgener Gott ist, ist er allen Menschen nahe. Er ist bei uns, bei mir, bei Ihnen, bei den Menschen, die traurig sind, und bei denen, die sich freuen.

Gott ist da, wo Menschen Hilfe brauchen und verzweifelt sind; er ist da, wo es geschieht, dass Menschen anderen Menschen helfen; er ist da, wo Menschen an ihn glauben; er ist da, wo Menschen glücklich sind.

Wenn wir Gott selbst fragen würden, wo er wohne, würde er, so vermute ich, ähnlich antworten wie der gelehrte Rabbi: „Ich wohne bei jenen Menschen, die mir ihre Herzen öffnen. Ich wohne dort, wo die Güte und die Liebe ist. Ich bin da zuhause, wo es sich ereignet, dass einer an mich glaubt. Ich bin dort anzutreffen, wo Menschen gut zueinander sind und einander helfen. Da müsst ihr mein Reich suchen."

Wir müssen also nicht so von Gott reden und uns ihn so denken, als sei er in einem abgeschlossenen Himmelsraum.

Nein, wir können ihn in unserem Leben erfahren, in der Liebe, die wir uns schenken, in jeder helfenden Tat, in jedem selbstlosen Rat, in jeder zärtlichen Hand.

Gott kommt nicht wie ein Ding in unserem Leben vor. Wir erfahren ihn vielmehr als etwas, was durch andere(s) hindurchleuchtet.

Auf die Frage ihrer Lehrerin, wo Gott zu finden sei, war die neunjährige Brigitte mit dieser Antwort zur Stelle: „Gott ist dort, wo es hell ist." Und hell ist es da, wo Menschen zueinander gut sind. Da ist das Reich Gottes.

Dunkel ist es dagegen dort, wo Menschen nur an sich denken, wo sie lieblos zu anderen sind. Gott kann nicht durch sie wirken, weil sie es nicht zulassen, weil sie es nicht wollen. Schade, dass auch dies oft genug vorkommt!

In der Apostelgeschichte können wir lesen: „Gott ist keinem von uns fern. Denn in ihm leben wir, bewegen wir uns und sind wir … Wir sind von seiner Art" (Apg 17,27f.).

Gott liebt mich

Beginnen wir mit einer kleinen Geschichte. Sie ist nicht erfunden, sondern hat sich tatsächlich ereignet: Ein kleiner Junge mit neun Jahren sollte in der Schule ein Gedicht aufsagen, aber er blieb stecken. Die Kinder lachten ihn aus, der Lehrer machte ihn lächerlich.

Starr Daily, so hieß der Junge, verließ das Klassenzimmer und kehrte niemals zurück. Mit 14 Jahren war er bereits ein ausgekochter Verbrecher. Er ging in die Unterwelt und die Verbrecher, mit denen er zusammenlebte, lehrten ihn hassen. Hassen war der Inhalt seines Lebens. Er hasste alles und jeden.

Von den nächsten 25 Jahren verbrachte Starr die Hälfte in Gefängnissen. Im letzten Gefängnis versuchten die Behörden, seine Kraft zu brechen. Sie setzten ihn in Einzelhaft und banden seine Handgelenke an Eisenstäbe.

Nur hin und wieder durfte er sich bewegen. Aber die Behörden mussten feststellen, dass sie diesen unbezwingbaren Willen nicht brechen konnten.

Daraufhin gab man auf. Nun lag Starr auf dem Zementboden seiner Zelle – am Rande des Todes. Aber er atmete immer noch Hass.

Während er so auf dem Boden seiner Zelle lag, ereignete sich etwas, womit er nicht gerechnet hatte – und die anderen auch nicht! Was sich genau abgespielt hat, lässt sich schwer ausdrücken. In seinen langen Nächten begegnete er Christus.

Er hatte keine Erscheinung, keine Visionen; es war kein Wunder geschehen. Starr Daily wusste nicht viel über Christus, aber aus den wenigen Religionsstunden, die er hatte, konnte er eine einzige Erkenntnis, eine einzige Erinnerung retten: Gott ist gut. Gott liebt mich!

Diese Aussage „Gott liebt mich" traf ihn plötzlich so, dass eine totale innere Wandlung in ihm vor sich ging. In diesem Augenblick verlor er den ganzen Hass seines Lebens. Von dieser Stunde an liebte er so intensiv, wie er vorher gehasst hatte. Es gelang ihm, sich aus dem Gefängnis buchstäblich „herauszulieben".

In den ersten vier Jahren nach seiner Entlassung schrieb Starr Daily das Buch „Liebe kann Gefängnistüren öffnen". Als er 1930 aus dem Gefängnis entlassen wurde, kannte er außer den Ausdrücken der Unterwelt nur 300 Wörter. Danach schrieb er religiöse Bücher, die Bestseller geworden sind.

Wie ist das alles gekommen? Mit der Vernunft lässt sich so etwas nicht erklären. Es genügt zu wissen: Starr Daily gewann im Gefängnis die entscheidende Erkenntnis seines Lebens. Gott liebt mich.

Starr Daily hat Gott erfahren – ohne Wunder, Erscheinungen und Visionen. Gott ist ihm nicht leibhaftig erschienen, er sandte keinen sichtbaren Engel in Menschengestalt. Gott ist einfach auf ihn zugegangen, ihm entgegengekommen, hat ihn angerührt.

Starr Daily ließ sich anrühren. Als Gott bei ihm anklopfte, ganz leise, war er da. Gotteserfahrung ist keine Studiererei, kein verzweifeltes Suchen. Warum? Weil Gott den ersten Schritt tut. Dieser erste Schritt ist allerdings zwecklos, wenn der Mensch dauernd „belegt" ist, das heißt blind vom vielen Sehen, taub vom vielen Hören.

Schülerinnen und Schüler in den Vereinigten Staaten sitzen im Alter von 8 bis 14 Jahren 22000 Stunden vor dem Fernsehschirm.

Wer alles schluckt, was er sieht und hört, ist so voll, dass am Ende nichts mehr in ihn hineingeht. Er ist ständig „belegt", Gott kann bei ihm nicht ankommen. Er muss innerlich eintrocknen, wie ein Blatt verwelken, verdorren, innerlich ausbluten. Es wäre schön, wenn wir uns vornähmen, täglich immer wieder ein paar Minuten in uns zu gehen.

Von Gottes Liebe getroffen

Am Vormittag des 25. Dezember 1886 ging der junge Paul Claudel (1868–1955) ins Hochamt nach Notre Dame in Paris – aber nicht, um den Gottesdienst mitzufeiern. Nach seiner Erstkommunion war nämlich sein Glaube immer schwächer geworden, bis er irgendwann wie ein Kartenhaus zusammengestürzt war.

Vielmehr erhoffte sich der damals 19-jährige Dichter ein paar Anregungen für sein literarisches Schaffen. Claudel schreibt selbst: „In dieser Verfassung wohnte ich, von der Menge gestoßen und gedrückt, dem Hochamt bei."

Da er mit dem Feiertag nichts anderes anzufangen wusste, ging er am Nachmittag zur Vesper ein weiteres Mal nach Notre Dame. Viele Jahre später konnte er sich noch genau erinnern, wo er gestanden hatte: nahe beim zweiten Pfeiler am Choranfang, rechts auf der Seite der Sakristei.

Während die Chorknaben das Magnifikat sangen, geschah es plötzlich: „In einem Nu wurde mein Herz ergriffen, ich glaubte. Ich glaubte mit einer so mächtigen inneren Zustimmung …, mit solch unerschütterlicher Gewissheit, dass keinerlei Platz auch nur für den leisesten Zweifel offenblieb, dass von diesem Tag an alle Bücher, alles Klügeln, alle Zufälle eines bewegten Lebens meinen Glauben nicht zu erschüttern, ja auch nur anzutasten vermochten.

Es ist wahr! Gott existiert, er ist da. Er ist jemand, er ist ein ebenso persönliches Wesen wie ich. Er liebt mich, er ruft mich."

Was war geschehen? Etwas ganz Einfaches. Paul Claudel entdeckte mit dem Herzen: Es gibt einen Gott. Gott ist da, er liebt mich, er ruft mich. Oder wie er es 18 Jahre später in einem Brief ausdrückte: „Während ich auf das Magnifikat hörte, hatte ich die Offenbarung von einem Gott, der die Arme nach mir ausstreckte."

Möge das Wunder der Weihnacht, das Paul Claudel damals erfuhr, auch uns zuteilwerden! An Gott fehlt es nicht. Weihnacht ist noch immer Wirklichkeit – wie vor über 2000 Jahren in Betlehem, wie vor über 100 Jahren in Notre Dame in Paris, so heute bei uns: Gott ist da, er liebt uns, er ruft uns! Und das wird auch in Zukunft unverrückbar so bleiben.

Gott ruft jeden bei seinem Namen

Gott liebt nicht „allgemein", er liebt nicht einfach die Menschheit, er liebt den „konkreten Einzelnen". Die Botschaft von der Liebe Gottes ist nicht nur eine Wahrheit „an sich", sondern eine Wahrheit für mich, an mich persönlich adressiert.

Bei Gott gibt es keine Massenabfertigung, keine Nummern. Er ruft jeden bei seinem Namen. Beim Propheten Jesaja heißt es: „Ich habe dich bei deinem Namen gerufen. Mein bist du" (Jes 43,1–3).

Jeder Mensch hat nach der Geheimen Offenbarung zwei Namen. Der erste Name steht im Familienstammbuch, im Taufbuch der Pfarrgemeinde, in der Kartei des Einwohnermeldeamtes.

Der zweite Name ist nur Gott bekannt. Er meint das besondere Wesen des Menschen, seine persönliche Aufgabe und Bestimmung.

Weil Gott den Einmaligen im Auge hat, geht er auf jeden Einzelnen in besonderer Weise zu, so wie dieser es gerade braucht.

Gott gleicht einem Piloten, der so lange über einem Flugplatz kreist, bis er die Stelle gefunden hat, auf der er landen kann.

Anders ausgedrückt: Gott fällt nicht mit der Tür ins Haus, reißt die Türen nicht auf. Er klopft an und wartet, bis man ihm öffnet.

Öffnet man nicht, dann geht er wieder, unverrichteter Dinge. Ob, wann, wie oft er wiederkommt, lässt sich nicht voraussagen.

Das ist Gottes Sache. Sicher ist: Er kommt nicht zum Menschen, solange alles in ihm stürmt, tobt, blitzt und kracht.

Bischof Ambrosius von Mailand hat das gute Wort gesprochen: „Der Teufel sucht den Krach, Christus aber sucht das Schweigen."

Es gibt eine Geschichte im Alten Testament, die haargenau das Gesagte bestätigt. Sie steht im 1. Buch der Könige (19,1ff.): Der Prophet Elija war auf der Flucht vor der Königin Isebel. Sie wollte den Propheten umbringen.

Elija flieht in die Wüste, versteckt sich in einer Höhle. Er möchte Jahwe sprechen. Jahwe, so bittet er, soll an ihm vorüberziehen.

Da kam zunächst ein gewaltiger Sturm, aber Gott war nicht im Sturm. Es folgte ein Erdbeben, aber Gott war nicht im Erdbeben. Dann kam Feuer, aber Gott war nicht im Feuer. Dann kam ein leises, feines Säuseln. In diesem feinen, leisen Säuseln war der Herr und der Herr sprach dann zu ihm: „Elija, komm heraus!"

Wer Gott erfahren will, braucht innere und äußere Stille.

Die äußere Stille ist verhältnismäßig leicht zu finden. Sie ist etwa so viel wie Geräuschlosigkeit. Schwieriger ist die innere Stille zu erreichen.

Die Chinesen sagen mit Recht: „Die Gedanken sind wie Affen. Wenn man sie auf der einen Seite des Baumes hinunterwirft, kommen sie auf der anderen Seite wieder empor."

Wer Gott erfahren will, braucht diese innere und äußere Stille. Sonst wird er mit der Zeit, wie bereits oben bemerkt, innerlich eintrocknen.

Ich wünsche Ihnen, dass Gott Ihnen immer wieder begegnen, dass er Sie in der Stille ansprechen möge.

Das Gespräch mit Gott

Wer richtig zu beten weiß,
weiß auch richtig zu leben.

Aurelius Augustinus

Man muss beten wollen –
und beten wollen ist bereits Gebet.

Michel Quoist

„Bittet, dann wird euch gegeben"

Wir sind niemals mehr Mensch als gerade im Gebet. Ja, man darf sagen, dass da im Tiefsten unser Menschsein auf dem Spiel steht. „Ein Vogel ist ein Vogel, wenn er fliegt; eine Blume ist eine Blume, wenn sie blüht; ein Mensch ist ein Mensch, wenn er betet", sagt Phil Bosmans, der flämische Ordenspriester und Telefonberater.

Das Gebet hat schon vielen Menschen in der tiefsten Finsternis Licht gebracht. Wie viel Kraft haben die erfahren, die gerade in Stunden der Verlassenheit und Verzagtheit, der Schwermut und Verzweiflung ihr „Kreuz" vor den Vater getragen haben – mit der Bitte: „Herr, zeige mir einen Weg, wie ich mit allem, was mich drückt, fertigwerden kann!"

Wer betet, weiß: Es gibt eine Hand, die mich hält. Wer in der Stille vor dem Vater innehält, bekommt wieder festen Boden unter den Füßen. Meine Sorgen und Leiden werden sicherlich nicht einfach weggeblasen, aber ich bekomme, weil es Ihn (Gott) gibt, mehr Kraft, sie zu tragen. So konnte Papst Johannes XXIII.(1881–1963) das nachdenkenswerte Wort sagen: „Der Mensch ist nie so groß, als wenn er kniet."

„Bittet, dann wird euch gegeben; sucht, dann werdet ihr finden; klopft an, dann wird euch geöffnet", heißt es im Lukasevangelium

(11,9). Wer dies tut und vor allem immer wieder tut, bekommt mit der Zeit eine gewisse Grundstimmung: Er ist überzeugt, dass letztlich alles ein gutes Ende nimmt. Denn keiner meint es mit uns so gut wie Gott.

Wer beten möchte, kann sich Jesus zum Vorbild nehmen. Immer wieder berichten die Evangelisten, dass sich Jesus an einen einsamen Ort, zum Beispiel auf einen Berg, zurückzieht, um zu beten. Jesus betet vor der Wahl der Apostel. Er betet eine Nacht lang nach der wunderbaren Brotvermehrung. Er betet, bevor er den Jüngern um die vierte Nachtwache auf dem See begegnet. Er betet in Getsemani, als „Angst und Traurigkeit" ihn ergreifen (Mt 26,37). Er betet am Kreuz.

Jesus trägt alles im Gebet vor den Vater. Indem er dies tut, bekommt alles den richtigen Stellenwert. Er sieht das Geschehene in einem neuen Licht. Alles, was war, bekommt sein wahres Gesicht. Und je länger Jesus betet, umso größer wird die Zuversicht, die Freude, das Glück, das ihn erfüllt. Da wundert es nicht, dass eines Tages die Jünger Jesus bitten: „Herr, lehre uns beten!" (Lk 11,1).

Wir können dasselbe tun, was Jesus getan hat: alles, was uns beschäftigt, vor dem Vater ausbreiten und ihn, wie Paulus uns rät, bitten, dass er vollendet, was wir nur anfangen konnten. Wer so dem lebendigen Gott begegnet, „nicht nur im Alltag, sondern den Alltag betet" (Karl Rahner), wird ruhig und gelassen, bescheiden und dankbar, froh und zufrieden. Sein Leben bekommt Fülle, Reichtum, ein hohes Glücksgefühl.

Die Tür zu Gott steht immer auf

Wie oft sind wir ratlos, erleben unsere Grenzen und sind am Ende mit unserer Weisheit. Das ist nicht leicht zu tragen und zu verkraften. Dennoch dürfen wir wissen: Es geht immer noch eine Tür auf, wenn alle anderen Türen verschlossen sind – und das ist die Tür zu Gott! Diese Tür stößt man auf, wenn man betet.

Manche probieren es nicht mehr mit dem Gebet, weil sie von Gott enttäuscht sind. Er scheint sich von der Welt zurückgezogen zu haben. Sie setzen Gott auf die Anklagebank: „Ich habe gebetet, aber nie empfangen, gesucht, aber nicht gefunden."

Die Antwort auf solche Klagen ist schwer. Es gibt nur Versuche einer Antwort: Würde Gott jederzeit jede Bitte erfüllen, dann wäre Beten das einträglichste Geschäft der Welt. Gott würde ein Kaufhaus, in dem gegen Gebet alles zu haben ist.

Niemand weiß, was für ihn gerade gut ist. Gott allein überblickt die Zusammenhänge und schenkt uns nicht, was wir uns wünschen, sondern was für uns gut ist. Das bisschen Glück, das wir uns erbitten, ist nichts gegen den Glauben, dass wir in aller Unsicherheit von seinen guten, starken Händen getragen und gehalten sind!

Eine Krankenheilung an einem Wallfahrtsort ist gewiss ein großes Wunder. Das größere Wunder besteht jedoch darin, dass ein Mensch Ja sagt zu den Unbegreiflichkeiten in seinem Leben und in ihnen ausharrt.

Beten ist nicht so anstrengend, wie viele meinen. Es wird aber anstrengend, wenn man meint, beim Beten müsse man immer sprechen. Wenn sich Menschen gut verstehen, reden sie nicht dauernd aufeinander los. Wesentlich beim Beten ist Schweigen, Zuhören, Lauschen, was Gott mir jetzt sagen würde.

Aus dem Leben des heiligen Pfarrers von Ars (1786–1859) wird berichtet, dass er einem Bauern begegnet ist, der stundenlang in der Kirche saß. Auf die Frage, was er so lange Gott zu sagen habe, meinte dieser: „Ich sage nichts, er sieht mich, ich sehe ihn."

Es ist wohltuend, wenn ein grundgütiger Mensch einen lange und tief anschaut. Solches Sich-anschauen-Lassen und Zuhören ist bereits Gebet. Wer Gott seine Zeit schenkt, betet bereits. Gebet, so verstanden, macht ruhig. Man „fängt" sich wieder.

Der berühmte Philosoph Peter Wust (1884–1940) von der Universität Münster bekam kurz vor seinem Tod Besuch von seinen Schülerinnen und Schülern. Der sterbende Gelehrte verabschiedete sich mit den Worten:

„Wenn Sie mich fragen sollten, bevor ich jetzt gehe und endgültig gehe, ob ich nicht einen Zauberschlüssel kenne, der einem das letzte Tor zur Weisheit des Lebens erschließen könnte, dann würde ich Ihnen antworten: Jawohl! Und zwar ist dieser Zauberschlüssel nicht die Reflexion (Forschung und Überlegung), wie Sie es von einem Philosophen vielleicht erwarten möchten, sondern das Gebet. Das Gebet, als letzte Hingabe gefasst, macht still, macht kindlich, macht objektiv. Die großen Dinge des Daseins werden nur den betenden Geistern geschenkt. Beten lernen kann man am besten im Leiden."

Gott wartet auf unseren Anruf

Wer betet, lebt freier, gelassener, froher, gesünder. Er lässt sich seine Sorgen abnehmen, legt sie in die Hand Gottes. „Die Macht des Gebetes liegt in der Ruhe, die nach ihm auf unser Inneres sich breitet", sagt der Schriftsteller Karl Gutzkow.

Beten entkrampft und entspannt. Gibt es etwas Wichtigeres?

Wir machen alle möglichen Entspannungsübungen. Dabei wird vielfach nur der Körper entspannt, nicht das Innerste des Menschen, das die Bibel „Herz" nennt.

Ohne Gebet wird der Mensch in seinem Menschsein verkürzt. Er wird ein Schaffer und Schufter. Aber das alles geht auf Kosten seiner Menschlichkeit. Im Beten dagegen bleibt der Mensch menschlich, und wenn er es nicht mehr war, wird er es wieder.

Warum ist das so? Der Mensch ist so gebaut, dass er seine Gefühle zum Ausdruck bringen muss. Er kann das, was ihn bewegt, „umtreibt", nicht in sich einsperren. Er kann seelisch verbluten, wenn er mit niemandem sprechen kann.

Der Mensch ist auf Mitteilung angelegt und so entworfen, dass er ohne Kommunikation innerlich zugrunde geht. Es gehört zum

Höhepunkt menschlichen Daseins, wenn ein Mensch sich dem anderen eröffnet, sich ihm offenbart, ihm etwa sagt: „Ich liebe dich, ich mag dich, ich habe dich gern, womit kann ich dir eine Freude machen?" Um wie viel ärmer wäre der Mensch, wenn er das alles nicht aussprechen könnte und nicht in Worte fassen dürfte, wenn er stattdessen nur auf Zeichen und Gesten angewiesen wäre!

Die Gedanken, die der Mensch hat, kann er nicht auf Eis legen. Das bestätigt die Erfahrung. Eheleute, deren Gespräch miteinander verstummt, deren Miteinander zum wortlosen Nebeneinander wird, werden auch sonst bald nichts mehr miteinander gemeinsam haben.

Die Hochform der Aussprache ist das Gespräch mit Gott. Mit Gott zu Rate zu gehen, wirkt erlösend und befreiend. Das ist das Wunderbare an Gott: Gott hört nicht nur zu, sondern Gott hört hin, ist „ganz Ohr", ist brennend an meinem Anliegen interessiert, nimmt sich zu Herzen, was von Herzen kommt.

Der frühere israelische Ministerpräsident David Ben Gurion (1886–1973) hat einmal den berühmten jüdischen Theologen Martin Buber gefragt: „Warum glauben Sie an Gott?"

Martin Buber gab ihm zur Antwort: „Wäre Gott einer, von dem man reden kann, würde ich nicht glauben. Weil er aber ein Gott ist, zu dem und mit dem man reden kann, darum glaube ich an ihn."

Man kann zu Gott reden, weil er selber zu uns gesprochen hat, weil er uns durch Jesus in sein Herz hineinschauen ließ. Wer zu diesem Gott und mit ihm sprechen will, muss allerdings sein Gottesbild prüfen. Das Wort Gott ist leider schrecklich abgenützt, ist eines der am meisten belasteten Worte.

Gott ist einer, der nicht von uns loskommt, der es nicht lassen kann, uns immer wieder zu suchen. Nach dem alttestamentlichen Propheten steht sein Herz gegen ihn auf, wenn er sich nicht des Menschen erbarmt.

Stellen wir uns einmal vor: Wir haben mit dem liebsten Menschen, den wir haben, ein nach vielen Jahren mögliches Ferngespräch vereinbart. Wie wartet dieser Mensch um diese Zeit auf unseren Anruf! So wartet auch Gott auf unseren Anruf! Was wir ihm sagen, nimmt er nicht nur „zur Kenntnis", es wird sein Anliegen. Und unser Leid wird halbiert.

So macht das Beten menschlich, allein dadurch, dass Gott da ist und zuhört. Im Übrigen: „Auch wenn wir die Leitung trennen, legt Gott den Hörer nicht auf", sagt Kyrilla Spiecker.

Gott sieht auf das Herz

Im Lukasevangelium (18,9–14) erzählt Jesus seinen Zuhörern und uns die Geschichte vom Pharisäer und Zöllner, die ins Gotteshaus gekommen sind, um dort zu beten. Es ist die Geschichte von zwei Männern, die ungleicher nicht sein könnten.

Der Pharisäer ist ein angesehener Mann in der Stadt. Er kennt sich aus in der Religion. Er liest oft in der Bibel, studiert genau das Wort Gottes und hält alle Gebote. Er tut nichts Schlechtes. Natürlich geht er oft zum Beten in den Tempel.

Der Zöllner ist bei den Leuten nicht sehr beliebt. Er arbeitet für die römische Besatzungsmacht und zieht die Steuern von den Bürgern ein. Manchmal verlangt er auch zu viel von den Leuten und lässt es in die eigene Tasche fließen. Dass er in den Tempel geht, kommt nicht sehr oft vor.

Wie unterschiedlich ist auch das Gebet der beiden! Der Pharisäer glaubt, dass er keine Fehler gemacht hat. Er dankt Gott dafür, dass er besser ist als die Räuber, Betrüger oder Ehebrecher und als dieser schlechte Zöllner. Er meint, dass er alles tut, was Gott gefällt.

Der Zöllner dagegen weiß, dass er vieles in seinem Leben nicht recht gemacht hat. Er gibt seine Schuld vor Gott zu. Sein Vertrauen zu Gott und sein Hunger nach Gottes Gerechtigkeit sind sehr groß. Darum bittet er Gott um Verzeihung für seine Fehler und Sünden.

Warum ist uns dieser Zöllner auf Anhieb so sympathisch? Weil er ein ehrlicher Mensch ist. Weil er zu dem steht, was er falsch gemacht hat, weil er das Dunkle, das in ihm ist, nicht verdrängt. Von ihm heißt es schlicht: „Er blieb ganz hinten stehen und wagte nicht einmal, seine Augen zum Himmel zu erheben, sondern schlug sich an die Brust und betete: Gott, sei mir Sünder gnädig!" (Lk 18,13).

Wer wie der Pharisäer meint, andere schlecht machen zu müssen, um selber besser dazustehen, ist bei Gott auf dem Holzweg. Bei Gott ist nicht wichtig, wie angesehen einer in den Augen der Menschen ist und wie oft er in der Bibel liest. Gott schaut vielmehr auf das Herz eines Menschen: auf seinen Glauben, seinen guten Willen, seine Bereitschaft zur Umkehr, seinen Durst nach Liebe und Gerechtigkeit.

Zum Schluss der Geschichte erklärt Jesus, wie unterschiedlich der Pharisäer und der Zöllner vom Tempel nach Hause zurückkehren: Der scheinbar „gute" Mensch, der Pharisäer, geht, wie er gekommen war. Bei ihm hat sich nichts verändert. Der „schlechte" Mensch hingegen, der Zöllner, kam schwach und ging gestärkt. Er kam als Sünder und ging als Gerechter.

In ähnlicher Weise können auch wir sehr unterschiedlich vom gemeinsam besuchten Gottesdienst zurückkehren. Wie, das entscheidet sich immer am Wort Jesu: „Wer sich selbst erhöht, wird erniedrigt, wer sich aber selbst erniedrigt, wird erhöht werden" (Lk 18,14).

Ungeordnete Gedanken
verderben den Tag

Wir ordnen zwar jeden Tag unsere Haare, aber selten geben wir uns Mühe, mit der gleichen Sorgfalt unsere Gedanken zu ordnen. Den Haaren sieht man es eben an, wenn sie nicht gerichtet sind. Aber bei den Gedanken meinen wir, dass dies in der Flüchtigkeit des heutigen Lebens niemandem auffällt, wenn sie nicht geordnet sind. Doch wir könnten uns dabei auch täuschen!

„Wo hast du nur wieder deine Gedanken?" Ruft ein solcher Satz nur Schulerinnerungen wach oder sagen wir es nicht öfters zu uns selbst und auch zu anderen? Ungeordnete Gedanken verderben den Tag. Und das ist schade, kehrt doch jeder Tag in seiner Einmaligkeit nicht mehr wieder. Jeder Tag bedeutet ein wichtiges Glied in der Kette unserer Lebenstage.

Für das gute Gelingen eines Tages und für eine gewissenhafte Erledigung aller Aufgaben, die auf uns zukommen, wäre es sicher gut, wenn die Gedanken geordnet da wären – bei mir, beim Gesprächspartner und bei der Arbeit. Es ist nicht nur beschwerlich, sondern auch gefährlich, mit ungeordneten Gedanken zu leben.

Ungeordnete Gedanken erinnern an ein unaufgeräumtes Zimmer, das wenig einladend wirkt. Wer nie oder nur selten Zeit zum Aufräumen findet, ist sicher lieber „außerhalb" als „innerhalb" seines Zimmers. So geht es auch mit ungeordneten Gedanken: Man ist lieber „außer" sich als gerne „bei" sich.

Was tun? Wir müssen uns Zeit nehmen, die Gedanken zu ordnen. Das ist keine verlorene Zeit. Wer aber setzt Maßstäbe für die Ordnung der Gedanken? Wer sagt, was richtig, was wichtig und gültig ist? Es gibt ein erprobtes Mittel, das sicher hilft, um am frühen Morgen die Gedanken für den bevorstehenden Tag zu ordnen – und das ist das Gebet, das Morgengebet. Leider ist es in der heutigen Zeit sehr in Vergessenheit geraten.

Es geht vieles leichter, wenn wir uns am Morgen vor Gott besinnen und im Gespräch mit ihm unsere Gedanken auf den neuen Tag ausrichten. Wahrscheinlich genügen dazu nur wenige Minuten. „Ich muss nur mal schnell dem lieben Gott noch ‚Guten Morgen' sagen" – dieses frohe Kindergebet lässt etwas von dem ahnen, was wir Großen längst verloren haben. Und darum gehen wir so oft ohne Neugierde und Lust in den neuen Tag und sehen in ihm nur noch unsere und nicht mehr uns von Gott gestellte Aufgaben.

Vielleicht kann uns das folgende überlieferte Morgengebet eine kleine Hilfe sein:

„Herr, du schenkst mir jeden neuen Tag und jeder Tag ist gleich wichtig vor dir. Ich danke dir für diesen Tag. Gib, dass ich ihn ernst nehme: die Aufgaben, die mich heute fordern; die Menschen, denen ich begegne; die Erfahrungen, die er bringt; das Bittere, das mir widerfährt. Lass mich auch dann frei bleiben, wenn mich tausend Dinge in Beschlag nehmen! Lass mich ruhig und gelassen bleiben, wenn ich vor Arbeit nicht mehr ein noch aus weiß! Lass mich dankbar sein für alles, auch wenn dieser Tag mir Mühe bringt!

Herr, an diesem Morgen bedenke ich vor dir den Tag, der jetzt für mich beginnt. Auch wenn ich heute nicht alles in deinem Sinn tun kann, hilf mir, deinen Willen etwas besser zu tun als gestern! Auch wenn deine Gegenwart mich nicht ganz durchdringt, hilf, dass sie mir nicht verloren geht! Auch wenn ich nicht alle Menschen selbstlos lieben kann, hilf, dass ich keinen entmutige, der mir begegnet! Auch wenn mein Herz deine Ewigkeit nicht umfängt, gib mir Zuversicht für den nächsten Schritt! Jeder neue Tag ist ein Angebot von dir, Herr. Hilf mir, dass ich es nutzen kann!"

„Liebt doch Gott die leeren Hände"

Manche Menschen möchten beten, aber können es nicht, können es nicht mehr. Sie sagen, ihnen fehlen die Worte, um mit Gott sprechen zu können.

Wer unter Beten nur ein „Sprechen" mit Gott versteht, ist bald am Ende. Beten ist mehr. Carlo Carretto sagt: „Beten heißt, sich von Gott betrachten lassen." Gott braucht unsere schönen, gut gewählten Worte nicht. Er braucht nur uns selbst und unsere Zeit. Bei ihm ist das „Lassen" wichtiger als das „Tun".

Statt vieler Worte genügt es, wenn wir Gott unsere Sorgen – die vielen inneren Verletzungen und Verwundungen, unsere Ängste und Hoffnungslosigkeiten oder was immer uns plagt und kränkt – einfach zeigen, still werden, die Hand vors Gesicht halten und nur die paar

Worte denken: „So steht es mit mir, so bin ich, bitte, hilf mir!"

Georges Bernanos (1888–1948), der bekannte französische Schriftsteller, hat vor langer Zeit einmal gesagt: „Allein der Wunsch zu beten, ist bereits Gebet." Ein wahrhaft tröstliches und Trost spendendes Wort für alle, die am Leben leiden und in ihrer Not sagen: „Ich kann nicht mehr beten."

Es gibt Menschen, die sich in guten Zeiten eine „eiserne Ration" von kurzen Gebeten und Worten angeeignet haben, von denen sie dann in schlechten Zeiten zehren konnten. Solche Gebete und Worte können zum Beispiel lauten: „Mein Gott, du trägst mich." – „Du bist bei mir." – „Du weißt alles." – „Du liebst mich so, wie ich bin." – „Du nimmst mich bedingungslos an."

Solche tröstenden Gebete und Worte können wie Krücken sein, mit denen man sich, wenn man angeschlagen ist, hilfreich weiterbewegen kann. Mehr noch: Sie können wie Nahrung sein, mit der man geistig und religiös wieder zu Kräften kommt.

Viele große heilige Menschen, zum Beispiel Teresa von Ávila, Johannes vom Kreuz, Luise von Marillac, Vinzenz von Paul, lebten von dieser „eisernen Ration" kurzer Gebete und Worte, mit denen sie Gott ihre leere Hände

84

hinhielten. Und Gott füllte ihre Hände. „Liebt doch Gott die leeren Hände und der Mangel wird Gewinn", sagt der Schriftsteller Werner Bergengruen (1892–1964).

Wir können nicht tiefer fallen als in Gottes Hand. Seit meinen Kinder- und Jugendjahren begleitet mich ein kleines Gedicht, das mir immer – auch und gerade in schwierigen Situationen – viel Mut gemacht hat: „Immer, wenn du meinst, es geht nicht mehr, kommt von irgendwo ein Lichtlein her, dass du es noch einmal wieder zwingst und von Sonnenschein und Freude singst, leichter trägst des Alltags schwere Last und wieder Kraft und Mut und Glauben hast."

Ein gutes Wort, ein kurzes Gebet, ein stiller Gedanke – all dies ist wie ein glimmender Docht, den der Geist Gottes, der Tröster und Mutmacher, zu einer leuchtenden Flamme entfachen kann.

Für Lebende und Tote beten – ein Werk der Barmherzigkeit

Ein Professor, der mit seiner Mutter zusammenwohnte, konnte es nicht leiden, wenn diese ihren Rosenkranz für die Lebenden und Verstorbenen betete. Der Professor war ein aufgeklärter

Naturwissenschaftler; sein Name hatte internationalen Rang. Die Mutter war eine gläubige Frau. Immer wieder ließ die Mutter ihr Gebet für alle, denen sie sich verbunden fühlte, einmünden in die barmherzige Liebe Gottes.

Eines Tages riss dem Professor der Geduldsfaden. „Kannst du mit diesem abergläubischen Zeug nicht aufhören?", schrie er seine Mutter an. Er riss ihr den Rosenkranz aus den Händen und warf ihn in die Ecke.

Die Mutter schwieg. Sie schwieg noch Tage danach.

„Warum redest du denn nicht mehr?", fragte schließlich der Professor.

„Du hast mir etwas genommen und nichts dafür gegeben", antwortete die Mutter. Da bückte sich der Professor, hob den Rosenkranz auf und legte ihn zurück in ihre Hände.

Der Rosenkranz ist ein eigenartiges Gebet. Wahrscheinlich hat diese Gebetsart ihren Ursprung im Gebet der Mönche. Für alle, die diese Art zu beten nicht kennen, ist der Rosenkranz eine langweilige und eintönige Angelegenheit. Wer ihn aber kennt, dem schenkt er Ruhe und Entspannung, Trost und innere Zufriedenheit, Vertrauen und Kraft.

In vielen Gemeinden kommen Menschen zusammen, um miteinander den Rosenkranz zu beten. Ob es sich um einen Rosenkranz, ein Vaterunser, ein Gebet aus dem „Gotteslob" oder um ein spontanes Gebet handelt – immer ist das Beten für andere nicht nur eine große Tat, sondern ein besonderes Werk der Barmherzigkeit.

Wer für andere, für Lebende und Tote, betet, wendet sich an den barmherzigen und stets großzügigen Gott, dem er alles anvertrauen kann.

Das Gebet ist also etwas ganz Wichtiges im menschlichen Leben. „Beten Sie für mich", sagen manche Menschen, weil ihnen daran liegt, dass andere sie in ihr Gespräch mit Gott einschließen, weil sie der Fürbitte anderer eine hilfreiche Wirkung zutrauen – eine Hilfe, die sie befähigt, ihre Situation anzunehmen und zu ertragen.

Ungläubige beten nicht. Sie sind daher auch unfähig, bei Gott für Lebende und Tote einzutreten und für sie zu bitten. Wer nicht glaubt, der begnügt sich mit gutem Zureden und guten Wünschen. Aber der beengte Kreis der Wünsche und des Andenkens weitet sich nicht in den unendlichen Horizont Gottes, in die Fülle seines weiten Wohlwollens, aus dem er immer wieder neu und großzügig schenkt.

Gott ist ein schenkender Gott, einer, dem wir alles und alle im Gebet anvertrauen können. Zu Gott dürfen wir „Vater" und „Du" sagen. Wir dürfen ihn darum bitten, dass er die Menschen „von allen Seiten" schützend umgibt und dass er segnend seine Hand auf ihnen ruhen lässt (vgl. Ps 139,5).

Was wir Gott sagen, nimmt er nicht nur „zur Kenntnis", sondern macht es zu seinem Anliegen. Gott ist kein fernes Geheimnis, keine herzlose Instanz, sondern ein liebendes Gegenüber, ein ansprechbares Du.

Gott ist größer als die Last, die das Leben auflädt. Er stellt seine Allmacht in den Dienst seiner Barmherzigkeit und gibt uns mehr, als wir erwarten, sogar mehr, als wir verdienen. Mit unseren Anliegen können wir Tag und Nacht zu ihm kommen. Gott spricht zu uns, wie zwei Liebende zueinander sprechen: „Ich bin so glücklich, das ich für dich da sein darf!" Es ist die Gebetserfahrung aller Religionen, dass Gott ein liebender Gott ist.

Auf ewig bei Gott glücklich

Leite deinen Lebensstrom
hin zu Gott.
Wenn er hier versiegt,
wird er dort ein Meer
des Lebens.

Ephräm der Syrer

Wonach wir am Ende gefragt werden

Das Neue Testament spricht vom Weltuntergang und von dem, was diesem Ende vorausgeht: „In jenen Tagen, nach der großen Not, wird sich die Sonne verfinstern und der Mond wird nicht mehr scheinen; die Sterne werden vom Himmel fallen und die Kräfte des Himmels werden erschüttert werden" (Mk 13,24f.).

Niemand weiß, wann dies geschehen wird. Manche sagen, dass das Ende der Welt bereits vor der Tür stehe. Viele Zeichen deuteten darauf hin. Andere sehen das Ende erst in Millionen Jahren Wirklichkeit werden. Wie auch immer: Die Vision des Weltendes zielt bei Jesus auf etwas anderes hin. Sie will sagen: Wenn die Kräfte des Himmels ins Wanken kommen, ist das nicht der Anfang vom Ende, sondern das Ende vor dem Anfang. Christus wird kommen in Macht und Herrlichkeit. Die Menschheit wird von ihm und durch ihn zusammengeführt.

Also ein Ende, das Hoffnung schenkt, das den vollen Frieden bringt und nicht das endgültige Chaos. Wie das allerdings konkret aussieht, können wir uns nicht vorstellen. Wir können ja nur in Raum und Zeit denken und diese Kategorien gelten dann nicht mehr.

Was wir tun können, ist, dass wir uns fragen: Was hat die Ankündigung Jesu vom Weltuntergang – auch wenn dieser möglicherweise erst in Millionen Jahren eintritt – mit uns und unserem Leben zu tun? Was sagt uns das hier und heute?

Wer die Heilige Schrift genau liest und sich auf die Botschaft einlässt und nicht nur über sie diskutiert, der weiß: Wenn wir – in 100 Jahren oder in 100 Millionen Jahren – vor dem Menschensohn versammelt werden, dann ist von all den Dingen die Rede, die in unserem heutigen Alltag eine Rolle gespielt haben. Da identifiziert sich nämlich der Menschensohn mit den Menschen, zu denen wir – als sie uns leidtaten – gut waren. Er wird sagen: Ich war das, der damals Hunger, Durst, keine Kleidung hatte – ich war das im Krankenhaus, im Pflegeheim, im Gefängnis – ich war das in all den Verlegenheiten, um die du dich gekümmert hast.

Ein Rabbi fragte einmal einen gläubigen Juden: „Wann weicht die Nacht dem Tag? Woran erkennt man den heraufziehenden Morgen?" Dieser versuchte eine Antwort: „Wenn man den ersten Lichtschimmer am Himmel sieht? Oder wenn man eine menschliche Gestalt schon von einem Busch unterscheiden kann?"

„Nein", wandte der Rabbi ein, „die Nacht weicht dem Tag, wenn der eine im Gesicht des anderen den Bruder und die Schwester erkennt. Solange das nicht geschieht, ist die Nacht noch in uns."

Jesus mahnt uns, nicht mit dem Zeitpunkt des Weltendes zu spekulieren, sondern Tag für Tag den Dienst am anderen, den Dienst in und an der Welt wahrzunehmen. Denn keiner weiß die Stunde, wann das Ende kommen wird: „Jenen Tag und jene Stunde kennt niemand, auch nicht die Engel im Himmel, nicht einmal der Sohn, sondern nur der Vater" (Mk 13,32).

Wir tun gut daran, diese Aussage ganz bewusst zur Kenntnis zu nehmen. Nicht nur die Welt hat ein Ende, auch wir haben ein persönliches Ende. Niemand von uns weiß, wann die Stunde des Todes kommt. Jeden Tag kann sie vor der Tür stehen. Und bis dahin sollten wir so viel Gutes wie nur eben möglich getan haben.

Wir werden eines Tages nicht gefragt werden, ob wir wie Caruso (1873–1921) gesungen, wie Dürer (1471–1528) gemalt oder wie Mozart (1756–1791) musiziert haben. Wir werden gefragt werden, ob wir als der gelebt haben, dessen Namen wir tragen.

Das Himmelreich ist das endzeitliche Glück

Das Evangelium kann uns eine Antwort auf die Frage geben: Wie werde ich glücklich? Es erzählt von zwei Menschen, die rein zufällig auf das große Glück stoßen. Der eine findet einen im Acker versteckten Schatz, kostbarer als sein derzeitiger Besitz; der andere eine Perle, deren Wert um ein Vielfaches den Wert eines Juwelierladens übertrifft.

Es ist verständlich, dass sich einem die Frage aufdrängt: Und wie ist es mit den beiden weitergegangen, als sie den kostbaren Fund erwarben? Hat der Fund das Leben dieser Glückspilze entscheidend verändert? Sind sie glücklicher geworden? Sind sie glücklich geblieben?

Seltsam, dass diese Fragen Jesus, der uns die beiden Geschichten erzählt, nicht sonderlich interessieren. Und das hängt mit jenem seltsamen Wort „Himmelreich" zusammen, ein Wort, das weder in unserem alltäglichen Wortschatz noch auf der langen Wunschliste unserer Glückserwartungen vorkommt.

Dass es sich beim Himmelreich um etwas ganz Besonderes und einmalig Kostbares handelt, geht aus den Reaktionen der glücklichen Finder hervor. Denn was tat der Pächter des Ackers? Er verkaufte unverzüglich seine ganze

Habe und erwarb den Acker mit dem Schatz. Ähnlich verfuhr der Juwelier. Er überlegte nicht lange, löste sein Geschäft auf und kaufte diese Perle.

Das Tun der beiden grenzt an Wahnsinn, es sei denn, dass sie das große Glück gefunden haben, das jeden Einsatz lohnt. Und das kann nur das „Himmelreich" sein, wie Matthäus es ausdrückt. Aber was ist das Himmelreich?

Laut Jesus ist das Himmelreich kein Rechtsanspruch, sondern ein Geschenk, das Gott macht und Gott selber ist. Himmelreich ist nur ein anderer Name für Gott, der allein fähig ist, dem Leben Fülle, Dauer und höchstes Glücksgefühl zu geben.

Gott ist die Zukunft, die der Mensch vor sich hat. Zwar ist Gott vom Rande der Welt und der Zeit schon aufgeleuchtet, vor allem im Leben und Wirken Jesu Christi, aber das alles war eher ein Aufblitzen als volle Gegenwart.

Jesus war keineswegs ein glücklicher Mensch, wie hin und wieder behauptet wird. Er litt wie jeder andere Mensch. Restlos glücklich war er erst, als er das dunkle Tal des Todes durchschritten hatte und von den Toten auferweckt worden war.

So wird es mit jedem Menschen sein. Das Himmelreich in seiner vollen Gestalt wird der Mensch erst in jenem zweiten Leben erfahren, das er nach seinem Tode vom österlichen Christus empfängt.

Das Ärgernis einer gewissen Vertröstung muss ertragen werden. Denn zu eindeutig ist die Sprache jener Glückszusage: Sie werden das Land besitzen; sie werden Söhne Gottes heißen; sie werden lachen und glücklich sein. Mit anderen Worten: Alle von Christus aufgezählten Menschen werden bei der endzeitlichen Gratulation als Nummer eins ganz vorne stehen.

Die Kehrseite der Medaille ist: Hier und jetzt soll schon etwas vom Kommenden sichtbar werden. Jesus hat das durch sein Leben bezeugt. Überall, wohin er kam, veränderte sich ein Stück Welt, wurden Menschen glücklich, wurden sie herausgeholt aus dem Elend, aus der Schuld, aus der sozialen Isolation.

Darum sind Jesu Glückwünsche zugleich Appelle an die Nicht-Armen, an die Lachenden, an die von Unterdrückung, Angst, Terror und Mangelzuständen aller Art Nicht-Betroffenen, sich derer anzunehmen, die sich auf der Schattenseite des Lebens befinden. Wer auf diese Appelle reagiert, hilft die Glückszusagen Jesu mit verwirklichen und bekommt selber schon einen Vorgeschmack des endzeitlichen Glücks.

Zum Be-denken

Wer sich auf
seinen Gott verlässt,
des Hoffnung
stehet felsenfest.

Sprichwort

Der Glaube an Gott
macht mein Herz froh
und mein Angesicht fröhlich.

Katharina Elisabeth Goethe

Die nachfolgenden Geschichten entspringen der Einsicht, dass unser Leben nicht nur der Begegnung mit uns selbst und mit unseren Mitmenschen bedarf, sondern ganz wesentlich auch der Begegnung mit Gott. Ohne Gott ist der Mensch allein. Erst die Begegnung mit ihm gibt unserem Leben seinen eigentlichen Sinn. Er ist die Erfüllung unseres Daseins.

Wir sollten uns für die Lektüre der Texte (es sind Erzählungen, Sagen, Märchen, Legenden und Fabeln) genügend Zeit und Ruhe gönnen. Außerdem brauchen wir ein „hörsames Herz" (1 Kön 3,9), damit sich die Geschichten bleibend in uns einprägen und uns mehr und mehr Klarheit für unseren eigenen Lebensweg geben.

Der nächste Tag

In der Hauptstadt seines Landes lebte ein guter und gerechter König. Oft verkleidete er sich und ging unerkannt durch die Straßen, um zu erfahren, wie es mit seinem Volk stand.

Eines Abends geht er vor die Tore der Stadt. Er sieht aus einer Hütte einen Lichtschein fallen und erkennt durch das Fenster: Ein Mann sitzt allein an seinem zur Mahlzeit bereiteten Tisch und ist gerade dabei, den Lobpreis zu

Gott über das Mahl zu singen. Als er geendet hat, klopft der König an die Tür: „Darf ein Gast eintreten?"

„Gerne", sagt der Mann, „komm, halte mit, mein Mahl reicht für uns beide!"

Während des Mahles sprechen die beiden über dieses und jenes. Der König – unerkannt – fragt: „Wovon lebst du? Was ist dein Gewerbe?"

„Ich bin ein Flickschuster", antwortete der Mann. „Jeden Morgen gehe ich mit meinem Handwerkskasten durch die Stadt und die Leute bringen mir ihre Schuhe zum Flicken auf die Straße."

Der König: „Und was wird morgen sein, wenn du keine Arbeit bekommst?"

„Morgen?", sagte der Flickschuster, „morgen? Gott sei gepriesen Tag um Tag!"

Als der Flickschuster am anderen Tag in die Stadt geht, sieht er überall angeschlagen: „Befehl des Königs! In dieser Woche ist auf den Straßen meiner Stadt jede Flickschusterei verboten!" Sonderbar, denkt der Schuster. Was doch die Könige für seltsame Einfälle haben! Nun, dann werde ich heute Wasser tragen; Wasser brauchen die Leute jeden Tag.

Am Abend hatte er so viel verdient, dass es für beide zur Mahlzeit reichte. Der König, wieder zu Gast, sagte: „Ich hatte schon Sorge um dich, als ich die Anschläge des Königs las. Wie hast du dennoch dein Geld verdienen können?" Der Schuster gab Bescheid. Der König: „Und was wird morgen sein, wenn du keine Arbeit findest?"

„Morgen? Gott sei gepriesen Tag um Tag!"

Als der Schuster am anderen Tag in die Stadt geht, um wieder Wasser zu tragen, kommen ihm Herolde entgegen, die rufen: „Befehl des Königs! Wassertragen dürfen nur solche, die eine Erlaubnis des Königs haben!"

Sonderbar, denkt der Schuster, was doch die Könige für seltsame Einfälle haben! Nun, dann werde ich Holz zerkleinern und in die Häuser bringen. Er holte seine Axt und am Abend hatte er so viel verdient, dass das Mahl für beide wieder bereitet war. Und wieder fragte der König: „Und was wird morgen sein, wenn du keine Arbeit findest?"

„Morgen? Gott sei gepriesen Tag um Tag!"

Am anderen Morgen kam dem Flickschuster in der Stadt ein Trupp Soldaten entgegen. Der Hauptmann sagte: „Du hast eine Axt, du musst heute im Palasthof des Königs Wache stehen. Hier hast du ein Schwert, lass deine Axt zu Hause!"

Nun musste der Flickschuster den ganzen Tag Wache stehen und verdiente keinen Pfennig. Abends ging er zu seinem Krämer und sagte: „Heute habe ich nichts verdienen können. Aber ich habe heute Abend einen Gast. Ich gebe dir das Schwert" – er zog es aus der Scheide – als Pfand –, „gib mir, was ich für das Mahl brauche!" Als er nach Hause kam, ging er zuerst in seine Werkstatt und fertigte ein Holzschwert, das genau in die Scheide passte.

Der König wunderte sich, dass auch an diesem Abend wieder das Mahl bereitet war. Der Schuster erzählte alles und zeigte dem König verschmitzt das Holzschwert. „Und was wird morgen sein, wenn der Hauptmann die Schwerter inspiziert?"

„Morgen? Gott sei gepriesen Tag um Tag!"

Als der Schuster am anderen Morgen den Palasthof betritt, kommt ihm der Hauptmann entgegen, an der Hand einen gefesselten Gefangenen: „Das ist ein Mörder. Du sollst ihn hinrichten!"

„Das kann ich nicht", rief der Jude voll Schrecken aus. „Ich kann keinen Menschen töten!"

„Doch, du musst es, es ist ein Befehl des Königs."

Inzwischen hatte sich der Palasthof mit vielen Neugierigen gefüllt, die die Hinrichtung eines Mörders sehen wollten. Der Schuster schaute in die Augen des Gefangenen. Ist das ein Mörder? Dann warf er sich auf die Knie und mit lauter Stimme, sodass alle ihn beten hörten, rief er: „Gott, du König des Himmels und der Erde: Wenn dieser Mensch ein Mörder ist und ich ihn hinrichten soll, dann mache, dass mein Schwert aus Stahl in der Sonne blitzt! Wenn aber dieser Mensch kein Mörder ist, dann mache, dass mein Schwert aus Holz ist!"

Alle Menschen schauten atemlos zu ihm hin. Er zog das Schwert, hielt es hoch – und siehe: Es war aus Holz. Gewaltiger Jubel brach aus. In diesem Augenblick kam der König von der Freitreppe seines Palastes, ging geradewegs auf den Flickschuster zu, gab sich zu erkennen, umarmte ihn und sagte: „Von heute an sollst du mein Ratgeber sein!"

Märchen aus Afghanistan

Was der Glaube vermag

Zur Zeit der spanischen Inquisition gelang es einem Juden, mit seiner Frau und seinen zwei Kindern vor seinen Verfolgern zu entfliehen. Er musste Haus und Hof, Hab und Gut zurücklassen. Nur seine Familie und ein paar Habseligkeiten konnte er auf ein Boot retten. In großer Hast setzte er die Segel und fuhr davon, dankbar, dass er wenigstens seine Lieben und sich gerettet hatte.

Kaum aber hatte er die offene See erreicht, zog ein schweres Gewitter am Himmel auf. Das Meer wurde unruhig. Die Wogen wuchsen zu Bergen und zu Tälern an. Brecher schlugen gegen das Boot. Sie rissen seine beiden Kinder über Bord und verschlangen ihr junges Leben in der dunklen Tiefe. Blitze zuckten über den Himmel und erhellten grell die Finsternis. Mit furchtbarem Getöse schlug ein Blitz in das Boot und erschlug des Juden Frau.

Er war allein. Kein Mensch um ihn. Keine Hilfe in Aussicht. Selbst Gott schien ihn, den Geschlagenen, verlassen zu haben. Als nach Stunden der Todesnot sich das Gewitter verzogen und die Wellen sich wieder geglättet hatten, betete der Jude zu seinem Gott:

„Gott Israels – ich bin geflohen, um dir ungestört dienen zu können, um deine Gebote zu erfüllen und deinen Namen zu heiligen. Du aber hast alles getan, damit ich nicht an dich glaube. Willst du mich wirklich von meinem Weg abbringen? Ich sage dir, mein Gott und Gott meiner Väter: Es wird dir nicht gelingen! Du kannst mich schlagen, mir das Beste und Teuerste nehmen, das ich auf dieser Welt habe. Du kannst mich zu Tode peinigen. Ich werde dennoch an dich glauben. Ich werde dich immer lieben – dir selbst zum Trotz."

Rabbinische Geschichte

Unser Herrgott wird's schon machen

Ein junger Mann berichtete, dass ihm unauslöschlich im Gedächtnis geblieben sei, wie seine Großmutter auch in schwierigsten Lebensfällen immer guten Mut zeigte und dabei stets sagte: „Unser Herrgott wird's schon recht machen."

Dies, so sagte er, sei ihm, als er erwachsen war und von der ersten Lebenskrise geschüttelt wurde, plötzlich wie von selbst in den Kopf gekommen. Da habe er dasselbe gesagt wie seine Großmutter und Ruhe und Zuversicht seien in sein Herz eingekehrt.

Reinhard Abeln

Wo wir ihn finden können

Zu Rabbi Josua kam ein Heide. Er hatte viele Fragen an den Meister und wollte von ihm vieles wissen.

„Sag, Rabbi, warum sprach Gott aus einem Dornbusch, um mit Mose zu reden?"

Rabbi Josua antwortete: „Hätte Gott einen Ginsterstrauch oder einen Johannesbrotbaum oder einen Maulbeerbaum gewählt, so würdest du mir wohl die gleiche Frage gestellt haben.

Aber ich will dich nicht ohne Antwort lassen: Gott hat gewiss den ärmlichen und kleinen Dornbusch gewählt, um uns zu belehren, dass er überall auf der Erde anwesend ist, selbst in einem Dornbusch."

Rabbinische Geschichte

Danke für Gottes Hilfe

Zwei amerikanische Farmer, die weit auseinander wohnten, wollten sich an einem bestimmten Ort treffen. Beide mussten dazu einen weiten Ritt durch unbewohntes Steppenland zurücklegen.

Als sie sich schließlich trafen, sagte der eine: „Denk dir, was ich unterwegs erlebt habe! Beinahe wäre ich gar nicht hier angekommen. Auf dem Wege hierher scheute plötzlich mein Pferd und warf mich in hohem Bogen ab. Gott sei Dank ist mir aber nichts passiert. Aber als ich aufstand, da durchfuhr ein Schrecken alle meine Glieder. Denn nur ein paar Schritte weiter und ich wäre in eine tiefe Schlucht gestürzt. Ich bin gleich auf die Knie gefallen und habe Gott dafür gedankt, dass er mich auf so wunderbare Weise vor dem sicheren Tod bewahrt hat."

Der zweite Farmer antwortete darauf: „Wenn ich das so höre, muss ich sagen: Ich habe Gottes Hilfe noch viel wunderbarer erfahren als du. Mein Pferd hat mich auf dem Weg hierher überhaupt nicht abgeworfen. Es hat mich ganz ruhig und sicher ohne jeden Unfall getragen. Ich bin in überhaupt keine Gefahr geraten. Wenn ich daran denke, was alles hätte passieren können …"

Überliefert

Der Glückliche

Ein König war krank. Er war bereit, die Hälfte seines Reiches dem zu geben, der ihn gesund machen könne. Da überlegten die Weisen des Landes hin und her. Keiner wusste Rat.

Nur einer sagte, es sei möglich, den Herrscher zu heilen. Man müsse einen glücklichen Menschen finden, dessen Hemd nehmen und es dem König überziehen. Dann werde der Herrscher gesund.

So schickte der König seine Leute überall hin, um in seinem großen Reich einen glücklichen Menschen zu finden. Aber die Gesandten fanden nirgends solch einen glücklichen Menschen – nicht einen, der ganz zufrieden gewesen wäre.

Wer reich war, war krank. Wer gesund war, war arm. Wer gesund und reich war, hatte ein böses Weib – und hier und dort stimmte es mit den Kindern nicht … So hatte jeder etwas zu klagen.

Aber eines Tages hörte der Königssohn, wie jemand in einer armseligen Hütte sagte: „Gott sei Dank!

Zu tun gab es heute wieder genug, satt bin ich auch geworden. Jetzt lege ich mich schlafen.

Was brauche ich mehr?"

Der Königssohn freute sich sehr über diese Kunde. Sofort befahl er seinen Dienern, diesem Mann das Hemd auszuziehen und ihm dafür so viel Geld zu gegen, wie er wolle, und das Hemd gleich dem kranken König zu bringen. Die Diener stürzten auf der Stelle in die Hütte des glücklichen Menschen, um ihm das Hemd auszuziehen.

Aber der Glückliche, der abermals vor sich hinsummte: „Gott sei Dank! Zu tun hatte ich heute wieder genug …" – der Glückliche war so arm, dass er nicht einmal ein Hemd besaß.

Nach Leo Tolstoi

Abschiedsbrief eines jungen Märtyrers

Im Vatikan wird heute noch ein Brief aufbe-
wahrt, den ein vierzehnjähriger japanischer
Junge im Jahre 1593 vor dem Gang zum
blutigen Martertod an seine Mutter geschrieben hat. Die japanischen Heiden wollten das
Christentum, das der hl. Franz Xaver kaum
vierzig Jahre vorher nach Japan gebracht hatte, durch eine grausame Verfolgung ausrotten.
Der Junge wurde zusammen mit 25 anderen
Christen in der Stadt Nagasaki (auf die im
Jahre 1945 die furchtbare Atombombe nie-
derfiel) ans Kreuz geschlagen. Der Brief lau-
tete:

„Liebste Mutter! Ich bin so glücklich, dass
ich dir schreiben kann. Gott schenkt mir die
Gnade, dass ich gemeinsam mit meinem Vater hingerichtet werde. Das ist sicher ein Segen von Gott. Wenn wir, einen Schritt vor dir,
im Himmel sind, werden wir dort auf dich
warten.

Mutter, auch du willst ohne Sünde leben,
nach unserem christlichen Glauben und im Ge-
horsam gegen Gottes Lehren. Unser Stamm-
vater Adam hat schwer gesündigt. Aber weil er so
tief bereute, hat ihm Gott verziehen und nun
genießt er die Freuden der ewigen Seligkeit.
Unser Leben auf dieser Welt ist wie ein Traum,

es ist nur eine flackernde Flamme, die der leiseste Windhauch ausblasen kann.

Für meine jüngeren Brüder habe ich eine Bitte. Vertrau sie bitte nicht andern an, die nicht unseren Glauben haben! Erziehe sie selber!

O Mutter, ich habe oft so Heimweh danach, dich und meine Brüder zu sehen, aber dann denke ich wieder daran, dass ich alles geduldig ertrage und die Versuchung überwinden muss. Gott hilft mir, dass ich alles Leid und alle Schmerzen aushalten kann.

O könnte ich dich nur noch einmal sehen vor dem Sterben! – Meine Tränen fließen dauernd, während ich dies schreibe. Dein liebes Gesicht sehe ich in meinen Träumen vor mir. Es ist wahr – aber wie gerne würde ich sterben, wenn ich dich noch einmal wirklich hätte sehen dürfen! Aber – ich muss diesen Gedanken beiseiteschieben.

Nun, Mutter, gib gut Acht auf dich! Und vergiss bitte nicht, was ich dir wegen meiner Brüder gesagt habe … Jetzt müssen wir fortgehen. Leb wohl, liebste Mutter!"

Thomas Kosaki Hikotaro

… wo ich dich getragen habe

Eines Nachts hatte ein Mann einen Traum. Er träumte, er würde mit Christus am Strand entlangspazieren.

Am Himmel über ihnen erschienen Szenen aus seinem Leben. In jeder Szene bemerkte er zwei Paar Fußabdrücke im Sand, eines gehörte ihm, das andere dem Herrn.

Als die letzte Szene vor ihm erschien, schaute er zurück zu den Fußabdrücken und bemerkte, dass sehr oft auf dem Weg nur *ein* Paar Fußabdrücke im Sand zu sehen war. Er stellte ebenfalls fest, dass dies gerade während der Zeiten war, in denen es ihm am schlechtesten ging.

Dies wunderte ihn natürlich und er fragte den Herrn: „Herr, du sagtest mir einst, dass ich mich entscheiden sollte, dir nachzufolgen; du würdest jeden Weg mit mir gehen. Aber ich stellte fest, dass während der beschwerlichsten Zeit meines Lebens nur *ein* Paar Fußabdrücke zu sehen ist. Ich verstehe nicht, warum! Wenn ich dich am meisten brauchte, hast du mich alleingelassen."

Der Herr antwortete: „Mein lieber, lieber Freund, ich mag dich so sehr, dass ich dich niemals verlassen würde. Während der Zeiten, in denen es dir am schlechtesten ging, in denen du auf Proben gestellt wurdest und gelitten hast – dort, wo du nur *ein* Paar Fußabdrücke sahst, es waren die Zeiten, in denen ich dich getragen habe."

Parabel aus Taizé

Der Rechenfehler

Kardinal Michael von Faulhaber (1868–1952), der unermüdliche Kämpfer gegen den Nationalsozialismus, kam bei einem Festessen neben Professor Albert Einstein (1879–1955) zu sitzen. Einstein meinte: „Eminenz, was würden Sie sagen, wenn wir Mathematiker Ihnen rechnerisch einwandfrei beweisen würden, dass es keinen Gott gibt?"

Darauf der große Kardinal: „Ich würde in Geduld warten, bis Sie Ihren Rechenfehler gefunden haben."

Reinhard Abeln

Rabbi Schalom

Während der Rabbi Schalom Mardochaj eines Tages in seinem Haus saß und meditierte, war ein Pogrom – eine Judenverfolgung – losgebrochen: Die entfesselte Menge steckte die Synagoge in Brand. Er aber, Rabbi Schalom, so sagt man, blieb ruhig im Haus bei seinen Gedanken sitzen.

„Denn", so erklärte der weise und sehr würdige Mann, „gibt es eine Gerechtigkeit Gottes, so werden die Verbrecher ihre Strafe finden und die Synagoge wird neu erstehen. Gibt es aber", so sagte der Rabbi, „keine Gerechtigkeit Gottes – wozu brauchen wir dann eine Synagoge?"

Bewundernswert – man möchte fast sagen: nachahmenswert – diese Haltung des alten und gottergebenen Rabbi!

Überliefert